U0918280

生产性服务业与中国产业结构演变关系的量化研究

Quantitative Study of the Relationship Between the Producer Services and China's Industrial Structure Evolution

沈家文 著

经济管理出版社
ECONOMY & MANAGEMENT PUBLISHING HOUSE

图书在版编目（CIP）数据

生产性服务业与中国产业结构演变关系的量化研究/沈家文著. —北京：经济管理出版社，2012.10

ISBN 978-7-5096-2153-0

Ⅰ. ①生…　Ⅱ. ①沈…　Ⅲ. ①服务业—关系—产业结构—研究—中国　Ⅳ. ①F719 ②F121.3

中国版本图书馆 CIP 数据核字（2012）第 250702 号

组稿编辑：宋　娜
责任编辑：赵伟伟
责任印制：黄　铄
责任校对：超　凡

出版发行：经济管理出版社
（北京市海淀区北蜂窝 8 号中雅大厦 A 座 11 层　100038）
网　　址：www. E-mp. com. cn
电　　话：（010）51915602
印　　刷：北京银祥印刷厂
经　　销：新华书店
开　　本：720mm×1000mm/16
印　　张：13.25
字　　数：192 千字
版　　次：2012 年 12 月第 1 版　2012 年 12 月第 1 次印刷
书　　号：ISBN 978-7-5096-2153-0
定　　价：56.00 元

编委会及编辑部成员名单

（一）编委会

主　任： 李　扬　王晓初

副主任： 晋保平　张冠梓　孙建立　夏文峰

秘书长： 朝　克　吴剑英　邱春雷　胡　滨（执行）

成　员（按姓氏笔画排序）：

卜宪群　王利明　王国刚　王建朗　王　巍　厉　声　刘　伟
朱光磊　朱佳木　吴玉章　吴恩远　吴振武　张世贤　张宇燕
张伯里　张昌东　张顺洪　李　平　李汉林　李向阳　李　周
李　林　李培林　李　薇　杨　光　杨　忠　陆建德　陈众议
陈泽宪　陈春声　卓新平　周五一　周　弘　房　宁　罗卫东
郑秉文　金　碚　赵天晓　赵剑英　高培勇　黄　平　朝戈金
程恩富　谢地坤　谢红星　谢寿光　谢维和　韩　震　蔡文兰
蔡　昉　裴长洪　潘家华

（二）编辑部

主　任： 张国春　刘连军　薛增朝　李晓琳

副主任： 宋　娜　卢小生　高传杰

成　员（按姓氏笔画排序）：

刘丹华　孙大伟　金　烨　陈　颖　袁　媛　曹　靖　薛万里

序　一

博士后制度是19世纪下半叶首先在若干发达国家逐渐形成的一种培养高级优秀专业人才的制度，至今已有一百多年历史。

20世纪80年代初，由著名物理学家李政道先生积极倡导，在邓小平同志大力支持下，中国开始酝酿实施博士后制度。1985年，首批博士后研究人员进站。

中国的博士后制度最初仅覆盖了自然科学诸领域。经过若干年实践，为了适应国家加快改革开放和建设社会主义市场经济制度的需要，全国博士后管理委员会决定，将设站领域拓展至社会科学。1992年，首批社会科学博士后人员进站，至今已整整20年。

20世纪90年代初期，正是中国经济社会发展和改革开放突飞猛进之时。理论突破和实践跨越的双重需求，使中国的社会科学工作者们获得了前所未有的发展空间。毋庸讳言，与发达国家相比，中国的社会科学在理论体系、研究方法乃至研究手段上均存在较大的差距。正是这种差距，激励中国的社会科学界正视国外，大量引进，兼收并蓄，同时，不忘植根本土，深究国情，开拓创新，从而开创了中国社会科学发展历史上最为繁荣的时期。在短短20余年内，随着学术交流渠道的拓宽、交流方式的创新和交流频率的提高，中国的社会科学不仅基本完成了理论上从传统体制向社会主义市场经济体制的转换，而且在中国丰富实践的基础上展开了自己的伟大创造。中国的社会科学和社会科学工作者们在改革开放和现代化建设事业中发挥了不可替代的重要作用。在这个波澜壮阔的历史进程中，中国社会科学博士后制度功不可没。

值此中国实施社会科学博士后制度创设20周年之际，为了充分展示中国社会科学博士后的研究成果，推动中国社会科学博士后制度进一步发展，全国博士后管理委员会和中国社会科学院经反复磋商，并征求了多家设站单位的意见，决定推出《中国社会科学博士后文库》(以下简称《文库》)。作为一个集中、系统、全面展示社会科学领域博士后优秀成果的学术平台，《文库》将成为展示中国社会科学博士后学术风采、扩大博士后群体的学术影响力和社会影响力的园地，成为调动广大博士后科研人员的积极性和创造力的加速器，成为培养中国社会科学领域各学科领军人才的孵化器。

创新、影响和规范，是《文库》的基本追求。

我们提倡创新，首先就是要求，入选的著作应能提供经过严密论证的新结论，或者提供有助于对所述论题进一步深入研究的新材料、新方法和新思路。与当前社会上一些机构对学术成果的要求不同，我们不提倡在一部著作中提出多少观点，一般地，我们甚至也不追求观点之“新”。我们需要的是有翔实的资料支撑，经过科学论证，而且能够被证实或证伪的论点。对于那些缺少严格的前提设定，没有充分的资料支撑，缺乏合乎逻辑的推理过程，仅仅凭借少数来路模糊的资料和数据，便一下子导出几个很“强”的结论的论著，我们概不收录。因为，在我们看来，提出一种观点和论证一种观点相比较，后者可能更为重要：观点未经论证，至多只是天才的猜测；经过论证的观点，才能成为科学。

我们提倡创新，还表现在研究方法之新上。这里所说的方法，显然不是指那种在时下的课题论证书中常见的老调重弹，诸如“历史与逻辑并重”、“演绎与归纳统一”之类；也不是我们在很多论文中见到的那种敷衍塞责的表述，诸如“理论研究与实证分析的统一”等等。

我们所说的方法，就理论研究而论，指的是在某一研究领域中确定或建立基本事实以及这些事实之间关系的假设、模型、推论及其检验；就应用研究而言，则指的是根据某一理论假设，为了完成一个既定目标，所使用的具体模型、技术、工具或程序。众所周知，在方法上求新如同在理论上创新一样，殊非易事。因此，我们亦不强求提出全新的理论方法，我们的最低要求，是要按照现代社会科学的研究规范来展开研究并构造论著。

我们支持那些有影响力的著述入选。这里说的影响力，既包括学术影响力，也包括社会影响力和国际影响力。就学术影响力而言，入选的成果应达到公认的学科高水平，要在本学科领域得到学术界的普遍认可，还要经得起历史和时间的检验，若干年后仍然能够为学者引用或参考。就社会影响力而言，入选的成果应能向正在进行着的社会经济进程转化。哲学社会科学与自然科学一样，也有一个转化问题。其研究成果要向现实生产力转化，要向现实政策转化，要向和谐社会建设转化，要向文化产业转化，要向人才培养转化。就国际影响力而言，中国哲学社会科学要想发挥巨大影响，就要瞄准国际一流水平，站在学术高峰，为世界文明的发展作出贡献。

我们尊奉严谨治学、实事求是的学风。我们强调恪守学术规范，尊重知识产权，坚决抵制各种学术不端之风，自觉维护哲学社会科学工作者的良好形象。当此学术界世风日下之时，我们希望本《文库》能通过自己良好的学术形象，为整肃不良学风贡献力量。

李扬

中国社会科学院副院长

中国社会科学院博士后管理委员会主任

2012 年 9 月

序　二

在21世纪的全球化时代，人才已成为国家的核心竞争力之一。从人才培养和学科发展的历史来看，哲学社会科学的发展水平体现着一个国家或民族的思维能力、精神状况和文明素质。

培养优秀的哲学社会科学人才，是我国可持续发展战略的重要内容之一。哲学社会科学的人才队伍、科研能力和研究成果作为国家的"软实力"，在综合国力体系中占据越来越重要的地位。在全面建设小康社会、加快推进社会主义现代化、实现中华民族伟大复兴的历史进程中，哲学社会科学具有不可替代的重大作用。胡锦涛同志强调，一定要从党和国家事业发展全局的战略高度，把繁荣发展哲学社会科学作为一项重大而紧迫的战略任务切实抓紧抓好，推动我国哲学社会科学新的更大的发展，为中国特色社会主义事业提供强有力的思想保证、精神动力和智力支持。因此，国家与社会要实现可持续健康发展，必须切实重视哲学社会科学，"努力建设具有中国特色、中国风格、中国气派的哲学社会科学"，充分展示当代中国哲学社会科学的本土情怀与世界眼光，力争在当代世界思想与学术的舞台上赢得应有的尊严与地位。

在培养和造就哲学社会科学人才的战略与实践上，博士后制度发挥了重要作用。我国的博士后制度是在世界著名物理学家、诺贝尔奖获得者李政道先生的建议下，由邓小平同志亲自决策，经国务院批准于1985年开始实施的。这也是我国有计划、有目的地培养高层次青年人才的一项重要制度。二十多年来，在党中央、国务院的领导下，经过各方共同努力，我国已建立了科学、完备的博士后制度体系，同时，形成了培养和使用相结合，产学研相结合，政府调控和社会参与相结合，服务物质文明与精神文明建设的鲜明特色。通过实施博士后制度，我国培养了一支优秀的高素质哲学社会科学人才队伍。他们在科研机构或高等院校依托自身优势和兴趣，自主从事开拓性、创新性研究工作，从而具有宽广的学术视野、突出的研究能力和强烈的探索精神。其中，一些出站博士后已成为哲学社会科学领域的科研骨干和学术带头人，在"长江学者"、"新世纪百千万人才工程"等国家重大科研人才梯队中占据越来越大的比重。可以说，博士后制度已成为国家培养哲学社会科学拔尖人才的重要途径，而且为哲学社会科学的发展造就了一支新的生力军。

哲学社会科学领域部分博士后的优秀研究成果不仅具有重要的学术价值，而且具有解决当前社会问题的现实意义，但往往因为一些客观因素，这些成果不能尽快问世，不能发挥其应有的现实作用，着实令人痛惜。

可喜的是，今天我们在支持哲学社会科学领域博士后研究成果出版方面迈出了坚实的一步。全国博士后管理委员会与中国社会科学院共同设立了《中国社会科学博士后文库》，每年在全国范围内择优出版哲学社会科学博士后的科研成果，并为其提供出版资助。这一举措不仅在建立以质量为导向的人才培养机制上具有积极的示范作用，而且有益于提升博士后青年科研人才的学术地位，扩大其学术影响力和社会影响力，更有益于人才强国战略的实施。

今天，借《中国社会科学博士后文库》出版之际，我衷心地希望更多的人、更多的部门与机构能够了解和关心哲学社会科学领域博士后及其研究成果，积极支持博士后工作。可以预见，我国的博士后事业也将取得新的更大的发展。让我们携起手来，共同努力，推动实现社会主义现代化事业的可持续发展与中华民族的伟大复兴。

人力资源和社会保障部副部长

全国博士后管理委员会主任

2012 年 9 月

摘　要

基于产业经济学、服务经济学、统计学和管理学等多种学科的理论和研究成果，本书综合运用多种研究方法，宏观方法和微观方法相结合、规范研究和实证研究相结合、定性分析和定量分析相结合，从生产性服务业的内涵、分类、现状分析等方面入手，运用计量经济学和统计学分析软件，围绕生产性服务业与产业结构长期动态的相互影响关系，对生产性服务业、产业结构的相关指标进行数据分析。在实证研究的基础上，使用多种统计分析方法，推断出生产性服务业和产业结构优化、生产性服务业与三次产业结构变动等方面的相互关系。在定性研究的基础上选择多重研究视角，对生产性服务业与中国产业结构的关系展开了系统定量分析，通过文献回顾与提出假设，综合分析产业结构和服务经济学的有关研究成果并进行了指标选取，查找统计年鉴、中经网数据库和文献成果的数据进行计算得出实证数据，应用计量经济学的 Eviews 分析软件和统计学的 SPSS 分析软件，通过检验分析推导出四个有新意的论点或者发现。一是对中国生产性服务业分类和现状进行了数据分析，证明了中国房地产业属于消费性服务业、科技服务业属于生产性服务业。二是分析并构建了生产性服务业与产业结构合理化、产业结构高度化三者之间的影响关系模型。三是分析生产性服务业与中国第一、二、三次产业结构变动的相互关系，以及中国三次产业结构变动相互之间的因果关系，构建了生产性服务业与中国三次产业结构的影响机制模型。四是通过检验分析，证明了生产性服务业结构变动与中国制造业升级之间是双向的格兰杰因果关系，建立企业自主创新体系是当前发展生产性服务业与制造业升级相互促进的关键纽带。

关键词： 生产性服务　产业结构　影响机制　格兰杰因果　协整分析

Abstract

Based on theoretical principles of industrial economics, service economics, statistics and other disciplines, the paper integrated application of various research methods which combined with micro and macro, normative and empirical research, qualitative analysis and quantitative analysis. From the aspects of the meaning of producer service, classification, and status analysis, applied practical application software such as the econometric analysis software Eviews and statistical analysis software SPSS. According to statistical theory, aiming at the long-term dynamic interaction between the producer services and industrial structure, analyzing the relevant index and the data on the producer services and industrial structure. Based on the empirical research method, using statistical methods such as factor analysis, multiple linear regression analysis, unit root test, cointegration, Granger causality test, the research inferred the mutual relations among the producer services and industrial structure optimization, producer services and the three industrial structure change. The relationship of producer services and industrial structure in China were systematically analyzed from six perspectives. Through the reviews of theoretical assumptions and brought forward to the hypothesises, selected the indicators of industry structure and services based on related principles of economics and outcomes, based on Granger causality test method, applied Eviews software to test and analyse the empirical time series data, draw conclusions of six discoveries or innovative argumentations.

Through analysis of the classification and status of producer services in China, it was concluded that the Chinese real estate industry belong to the consumer services, science research and technology services belong to the producer services. Through the hypothesis and data test of the indicator, it was empirically constructed that the model of the rationalization among the producer services and China's industrial structure optimization and industrial structure upgrading. Through hypothesis tests, analyzing the relationship between the producer services with the structural changes of the primary industry, the secondary industry and the tertiary industry in China, and the causal relationship of structural changes of the three industries each other, constructed the model of the impact mechanism of the producer services and China's three industrial structure development. It was verified that the relationship of the structural changes of producer services and the upgrading of China's manufacturing industry is bidirectional Granger causality, proposed the establishment of independent innovation system is the key to the development of producer services and China's manufacturing upgrading.

Key Words: Producer Services; Industrial Structure; Impact Mechinism; Cointegration; Granger Test

目　录

Contents

第一章 引 言

近年来，生产性服务业在经济结构发展中的重要性逐渐显现，引起了国内外学者和政府部门的广泛关注。本章阐述了生产性服务业对产业结构影响机制研究的背景和意义，并对研究方法及其特点进行说明。

第一节 研究背景

现代经济发展的历史表明，一个国家经济的发展过程，既表现为国民经济总值的增长，也表现为产业结构的演变。[①] 在不同的阶段，经济发展在总量上主要表现为人均国民生产总值的不同，在结构上主要表现为结构特征的不同。产业结构是一个持续的动态发展过程，它随着发展阶段、环境的变化而不断调整。胡锦涛总书记在十七大报告中指出："加快转变经济发展方式，推动产业结构优化升级。这是关系国民经济全局紧迫而重大的战略任务。"当前，要完成这项重大的战略任务，就是要坚持走中国特色新型工业化道路，坚持扩大国内需求特别是消费需求的方针，促进经济增长由主要依靠投资、出口拉动向依靠消费、投资、出口协调拉动转变，由主要依靠第二产业带动向依靠第一、第二、第三产业协同带动转变，由主要依靠增加物质资源消耗向

① 马洪、孙尚清主编：《中国经济结构概论》，山西经济出版社 1994 年版。

主要依靠科技进步、劳动者素质提高、管理创新转变。发展现代产业体系，大力推进信息化与工业化融合，促进工业由大变强，振兴装备制造业，淘汰落后生产能力；提升高新技术产业，发展信息、生物、新材料、航空航天、海洋等产业；发展现代服务业，提高服务业比重和水平；加强基础产业基础设施建设，加快发展现代能源产业和综合运输体系。①

生产性服务业是指直接或间接为生产过程提供中间服务的服务性产业。根据发达国家经济转型的经验，走新型工业化道路，必须更大程度地依靠生产性服务业的发展。彼得·德鲁克（1985）认为，具有快速发展潜力的产业将导致产业结构的发展。② 回顾世界经济发展史，中国当前正在进行的产业结构调整在发达国家的历史上也曾出现过。美国的经济发展方式在20世纪50年代开始发生了改变，服务业的增长成为带动经济增长的主要动力。美国经济在生产性服务业快速增长的带动下迅速发展，在20世纪60年代率先进入以服务经济为特征的后工业化时代，产业结构发生了重大变化，服务业占经济总量的比重过半，生产性服务业占服务业经济总量的比重过半，生产性服务业成为经济增长幅度最快、吸纳劳动力就业最多的产业。英国、德国、日本相继在20世纪80年代中期到90年代初期实现了向服务型经济的产业结构转型。西方主要发达国家的经济结构调整，带动了世界经济结构向以服务业为主的转变，全球的服务型经济的格局已经形成并将持续深入发展。近年来，服务业全球化进程迅速，世界经济的重心正从制造业向服务业转移。全球服务市场快速增长，服务型跨国公司的实力不断增加，以服务外包和高新科技产业转移为主流的全球产业结构调整已经逐渐兴起，通过产业技术的更新换代和不断改造来提高经济增长质量，实现经济的可持续增长，生产性服务业在产业结构优化升级中所

① 胡锦涛：《在中国共产党第十七次全国代表大会上的报告》，新华社，2007年10月15日。
② 彼得·德鲁克：《创新与企业家精神》，机械工业出版社2007年版。

起的作用日趋重要，服务经济将成为未来中国经济发展的新增长极。

从发达国家经济发展的成功经验来看，高度发达的生产性服务业已经成为发达国家产业结构的首要特征。生产性服务作为一种“市场化的非最终消费”，越来越多地进入工业产品的生产领域并贯穿于产业链的各个环节，以专业化的人力资本和知识资本作为主要投入，使生产过程逐渐高度化、协调化，使经济发展对资源、能源与环境消耗的依赖逐渐降低，提高了经济运行效率。《中华人民共和国国民经济和社会发展第十一个五年规划纲要》（以下简称《“十一五”规划纲要》）提出，坚持市场化、产业化、社会化方向，拓宽领域、扩大规模、优化结构、增强功能、规范市场，提高服务业的比重和水平。拓展生产性服务业，大力发展主要面向生产者的服务业，细化、深化专业化分工，降低社会交易成本，提高资源配置效率。[①] 生产要素的投入及其在产业之间、地区之间的有效流动和合理配置是经济运行的核心。经济结构的优化是经济运行效率的关键因素。如何通过资源的合理配置来实现经济结构的最优、如何通过产业结构优化升级来促进经济的可持续发展，是世界各国政府和学者一直面临的重要课题。

第二节 研究意义

把握生产性服务业与产业结构相互关系的客观规律，提高资源配置效率，推进中国产业结构优化升级，促进经济发展模式的顺利转变，是中国政府面临的重要课题。温家宝总理在“2010 年政府工作报告”中指出：“大力调整经济结构，夯实长远发展基础。”[②] 那么，如何通过

① 全国人民代表大会：《中华人民共和国国民经济和社会发展第十一个五年规划纲要》，《人民日报》，2006 年 3 月 17 日。

② 温家宝：《在十一届全国人大三次会议上的政府工作报告》，《人民日报》，2010 年 3 月 6 日。

资源的合理配置来实现经济结构调整的动态最优、如何通过产业结构优化升级来促进经济的持续平稳增长，这是我国进行经济结构战略性调整必须面对的问题。郑新立（2005）提出：世界各国的发展史表明，经济发展的过程就是结构不断变化的过程。在加速工业化、城市化阶段，结构的变化更为剧烈。只有按照经济发展的规律，主动地解决经济结构失衡的问题，自觉地推动结构的转变，才能不断地为经济发展创造新的需求，提供强大的动力，培养新的经济增长点。[①] 产业技术影响产业生产效率和经济效益，决定产业扩张力度，产业关联效应的强弱直接体现在结构效益上，影响到产业发展速度及其可持续性。为了提高经济发展的速度和质量，很多国家采取各种经济政策来提高产业结构转换能力。白津夫（2010）指出，我国经济发展中的结构性问题由来已久，国际金融危机进一步凸显了经济结构的不合理。从其原因来分析，既有工业化过程中的必然性，也有政策选择的片面性，其中对供需结构失衡影响较大的是政策选择的速度导向、出口导向和规模导向。[②] 因此，系统地研究生产性服务业影响产业结构的机制，具有重要的理论和现实意义。

研究生产性服务业与中国产业结构的影响机制，可以为产业结构调整提供决策依据。2007 年发布的《国务院关于加快发展服务业的若干意见》指出，大力发展面向生产的服务业，促进现代制造业与服务业有机融合、互动发展。[③] 当前，国际经济竞争呈现新态势，中国经济发展正处在关键时期，全球性的发展变革和产业结构调整愈演愈烈，给中国的经济发展带来新的机遇和挑战。在这样的形势和背景下，研究发展生产性服务业和中国产业结构优化升级的相互关系，对于中国经济实现全面协调可持续发展具有重要的现实意义。

---

① 郑新立：《经济结构调整的四大任务》，《中国金融》，2005 年第 2 期。

② 白津夫：《经济结构存在的主要问题与调整方向》，《领导之友》，2010 年第 1 期。

③ 中华人民共和国国务院：《国务院关于加快发展服务业的若干意见》，国发［2007］7 号，2007 年 3 月 19 日。

第三节 研究方法

通过实证研究的方法，研究生产性服务业发展与产业结构优化升级的相互关系，以及生产性服务业与产业结构演变的关系，系统地形成生产性服务业与产业结构影响机制的定性研究和量化分析，是本书的研究目标所在。

本书基于产业经济学、服务经济学、统计学、管理学等学科的文献成果，综合多种研究方法，宏观方法和微观方法相结合、规范研究和实证研究相结合、定性分析和定量分析相结合，从生产性服务业的内涵、分类、现状分析等方面入手，系统研究生产性服务业发展和产业结构之间的相互关系。应用计量经济学分析软件 Eviews 和统计学分析软件 SPSS 等计算机应用软件，实证分析生产性服务业与中国产业结构相互影响的动态机制。本书研究方法的特点表现为以下五个方面：

（1）宏观方法和微观方法相结合。参考了国内外众多关于服务经济、产业结构等方面的理论文献，在借鉴前人研究成果的基础上进行评析，进一步引申和发展、阐述新的研究观点。立足于统计资料的运用和前人研究成果的辨析，并在此基础上确立和规范相关的理论内涵、外延，为进一步的理论分析做好准备。另外，通过变量分析和逻辑推理，分析其中的相互影响机制。

（2）理论研究和实证分析相结合。本书以发展经济学结构主义理论的有关原理为基础，深入探讨生产性服务业对于中国产业结构的影响机制，构建一个生产性服务业与产业结构相互影响关系的理论框架；应用计量经济学和统计学的有关研究方法，在此基础上展开实证分析，探讨生产性服务业与产业结构相互影响的规律及在一定时期内的发展趋势。

（3）定性研究和定量分析相结合。本书在对生产性服务业与产业结构协调发展做定性分析的基础上，从定量分析的角度研究其规律性，并对时间序列数据进行分析及预测。采用定量分析的方法，依据统计数据，建立模型进行计算，分析对象的各项指标及其数值。利用单位根检验、协整分析与格兰杰检验，分析出生产性服务业与产业结构的影响机制。

（4）动态研究生产性服务业对中国产业结构的影响机制。本书对生产性服务业影响产业结构的研究，不是局限于某一时点，而是从时间推移的角度，结合产业结构的发展趋势数据进行动态分析，采用中国统计年鉴和有关文献成果的数据，从长期的动态的视角来研究生产性服务业与中国产业结构之间的关系。

（5）应用统计分析原理和方法。利用统计学的有关方法，应用计量经济学软件 Eviews 和统计分析软件 SPSS 等分析软件，对生产性服务业和产业结构的有关指标进行统计分析，包括因子分析、多元线性回归分析、单位根检验、协整分析、格兰杰因果关系检验等分析方法，在实证研究的基础上，动态分析生产性服务业与产业结构的相互影响关系。

第二章　文献综述

生产性服务业的概念，20 世纪 60 年代起源于美国；70 年代以来生产性服务业在西方发达国家的持续快速发展，关于这方面的研究大量出现。中国关于生产性服务业的研究出现在 90 年代，近几年来相关研究逐渐增多。

第一节　生产性服务业研究现状

生产性服务业，英文为 Producer Services 或 Producer Services Industry，中文翻译主要有三种：生产性服务业、生产者服务业、生产服务业。笔者用网络文献检索的方法，分别用这三种译法作为关键词对 1979 年至 2009 年 10 月的 CNKI 文献数据库进行精确检索，对检索出的文献数量进行统计分析，所得结果中：使用"生产性服务业"作为关键词的文献数量占总数的 78.9%；使用"生产者服务业"作为关键词的文献数量占总数的 10.5%；使用"生产服务业"作为关键词的文献数量占总数的 10.5%。对于万方文献数据库进行文献检索也得到类似的结果，同样证明了"生产性服务业"的用法在中国学术界占主流地位。从中国官方的提法来看，原国家计委 2001 年发布的《"十五"期间加快发展服务业若干政策措施的意见》、国家统计局 2003 年公布的《三次产业划分规定》、2006 年全国人民代表大会发布的《中华人民共和国国民经济和社会发展第十一个五年规划纲要》，均使用了“生产性服务业”这一用法。因此，本书采用“生产性服务业”这个用法。

根据目前的CNKI文献检索，中国关于生产性服务业的文章最先出现在1991年第6期的《中国劳动》杂志，[①] 报道了近十年来的美国服务业就业人数迅速上升，年增长率在8%以上，其生产性服务业的职工在680万以上，约占非农业劳动力的7%左右。生产性服务业进行的活动通常被归类为一般公司、企业的管理及服务工作，包括工程、建筑和法律服务，管理和商业的咨询服务，广告、计算机与数据处理服务，人员的供应服务，对建筑物的各种服务，研究、开发的实验工作，保护与侦探服务。中国关于生产性服务业的学术研究文章最早出现在1993年第一期的《国际经济评论》杂志，发表了意大利那不勒斯大学教授的译文，[②] 指出过去几十年，服务部门改革的一个重大要素便是所谓生产者服务业的兴起。所谓生产者服务是指那些作为商品和其他服务生产过程的投入品的那些服务。在宏观经济水平上，由于制造企业的服务生产有明显的外部化趋势，已导致生产者服务业作为一个独立的部门出现，这使得企业能够通过专业化而达到较高的效率，能够节省研究与开发费用，并能在不需要进行持续增加职员、对资本设备进行大量新投资的情况下满足最大需求。总之，从目前的文献检索结果来看，关于生产性服务业对于产业结构的影响机制，还没有发现这方面的系统性研究。

一、生产性服务业的内涵

生产性服务业与产业结构的关系，涉及服务、服务业、生产性服务业、产业、产业结构等几个概念，这些概念各有相关的大量专门研

① 怀行：《美国生产服务业迅速兴起》，《中国劳动》，1991年第6期。
② 弗拉维·马丁内利：《生产者服务业的发展趋势》，谢鲁涛译，《国际经济评论》，1993年第1期。

究。一般认为，服务是指为他人做事并使他人从中受益的一种有偿或无偿的活动，不以实物形式而是以提供劳动的形式满足他人需求，具有不可感知性、不可分离性、品质差异性、不可储存性、所有权的不可转让性等特征。服务不是边缘化的或奢侈的经济活动，而是位于经济的核心地带。服务是人或隶属于一定经济单位的物在事先合意的前提下由于其他经济单位的活动所发生的变化，服务的生产和消费同时进行，一旦生产出来必须由消费者获得而不能储存。[①] Riddle（1986）提出，服务业是促进其他部门增长的过程产业，是经济的黏合剂，是便于一切经济交易的产业，是刺激商品生产的推动力。

在经济学领域最先指出生产性服务业现象的是经济学之父亚当·斯密，在1776年发表的《国富论》中，提出了劳动分工是生产力提高主要原因的论断。[②] 他在“论分工”一章中写道：“使机器得以如此方便和简化的所有机器的发明，最初似乎都是由于分工。机器的改进绝不全都是那些有机会使用机器的人发明的，当制造机器成为一个专门行业的时候，许多改进是出于机器制造者的聪明才智，也有些改进是出于所谓哲学家和思想家的聪明才智。”亚当·斯密提出，国家富裕程度的提高，除了与劳动生产力直接有关外，还与生产性劳动与非生产性劳动的比例密切相关。如果每年的国民收入中，用于生产性的劳动越大，用于非生产性的劳动越小，则下一年国民收入增长速度越快，因此主张增加生产性劳动、减小非生产性劳动，以增加一国的财富和收入。[③]

根据亚当·斯密的理论，生产性服务业的产生是人类社会分工不断深化发展的必然结果。近几十年来，国内外学者从不同研究视角对于生产性服务业提出了各自的定义，不同国家及其不同的政府部门也有不同的定义或分类，迄今为止还没有普遍接受的定义。

---

① T.P.Hill. “On Goods and Services”, *Review of Income and Wealth*, Series 23, No.4, 1977.

② Browning C., Singelman J. “The Emergence of a Service Society”, *Springfield*, 1975.

③ 亚当·斯密：《国富论》，唐日松等译，华夏出版社 2005 年版。

从国外学者对于生产性服务业的研究来看，根据目前的研究文献，最先提出生产性服务业概念的学者是 F.Machlup。他在 1962 年发表的《美国的知识生产和分配》中将知识产业分为教育、研究与研发、传播媒体、资讯设备、咨询服务，指出生产性服务业必须是知识产出产业，是消费性服务业以外的服务业。Greenfield 于 1966 年最先对生产性服务业进行了定义，认为生产服务业是企业、非营利性组织和政府主要是向生产者，而不是最终向消费者提供的服务产品和劳动。[①] Browning 和 Singelman（1975）最先从产业分类上界定了生产性服务业的概念，认为生产性服务业应该包括金融、保险、法律工商服务、经纪等具有知识密集和为客户提供专门性服务的行业。[②] Howe IIS 和 Green（1986）认为，生产性服务业是为其他公司提供服务，包括银行、保险和其他商业服务业如广告和市场研究，以及职业和科学服务如会计、法律、研发等。[③] 意大利学者 Momigliano 等（1982）利用详细的投入产出表，将服务业中用于中间需求的部分界定为生产服务业，这种界定方法定量地显示了生产性服务业的内涵。[④] 格鲁伯和沃克（1989）提出生产性服务业不是直接用来消费，直接可以产生效用，是一种中间投入，用来生产其他的产品或服务，生产性服务业是生产者财富形成过程的中介，其服务对象是生产者，而不是消费者。[⑤] 通过对发达国家 20 世纪 40 年代到 80 年代的数据进行分析，发现美国、日本、加拿大等国家生产性服务业一般占本国服务业名义 GDP 的 50%以上，占本国名义 GDP 份额一般为 28%~33%，指出生产性服务业是服务业最大的、增长最快的组成部分，是把日益专业化的人力资本和知识资本引进商品生产部门的飞轮，为劳动与物质资本带来更高的生产率，并改进了商品

① 项俊波：《结构经济学》，中国人民大学出版社 2009 年版。

② Greenfield，H.. *Manpower and the Growth of Producer Service*，New York：Columbia University Press，1996.

③ Howells，D.，Green，R. Location，“Technology and Industrial Organization in UK Services”，*Progress in Planning*，1986（2）.

④ 陈凯：《英国生产服务业发展现状分析》，《世界经济研究》，2006 年第 1 期。

⑤ 格鲁伯、沃克：《服务业的增长：原因与影响》，陈彪如译，三联书店 1993 年版。

与其他服务的质量。Hansen（1990）认为，生产性服务业作为货物生产或其他服务的投入而发挥着中间功能，其定义包括上游的活动如研发，以及下游的活动如市场。[①] Goodman（2002）利用美国 2000 年的投入产出表计算，将服务业中间需求率中高于 60%的部门界定为面向生产者的服务业，40%~60%的部门界定为混合服务业，低于 40%的部门界定为面向消费者的服务业。[②]

从国内学者对生产性服务业的研究来看，李冠霖（2002）利用中国 1997 年的投入产出表将服务业中的中间需求率高于 50%的行业界定为生产性服务业，低于 50%的行业界定为消费者服务业。[③] 钟韵、闫小培（2005）认为生产性服务业是为生产、商务活动和政府管理提供而非直接向消费的个体使用者提供的服务，不直接参与生产或者物质转化，但又是任何工业生产环节中不可缺少的活动。[④] 程大中（2006）认为，生产性服务业在其理论内涵上，是指市场化的非最终消费服务，即作为其他产品或服务生产的中间投入的服务。[⑤] 高传胜和李善同（2007）提出了"中间使用率"和"非居民最终消费比率"两个指标来界定狭义和广义的生产性服务业，"中间使用率"适用于判断狭义的生产性服务业，而"非居民最终消费比率"适用于判断广义的生产性服务业。夏杰长（2008）认为，生产性服务业是指直接或间接为生产过程提供中间服务的服务性产业，它涉及信息收集、处理、交换的相互传递、管理等活动，其服务对象主要是商务组织和管理机构，其范围主要包括仓储、物流、中介、广告和市场研究、信息咨询、法律、会展、税务、审计、房地产业、科学研究与综合技术服务、劳动力培训、

① Hansen, N. "Do Producer Services Include Regional Economic Development", *Journal of Regional Science*, 1990 (4).

② Goodman, Steadman. "Services: Business Demand Rivals Consumer Demand in Driving Growth", *Monthly Labor Review*, 2002, 125 (4).

③ 李冠霖：《第三产业投入产出分析》，中国物价出版社 2002 年版。

④ 钟韵、闫小培：《西方地理学界关于生产性服务业作用研究评述》，《人文地理》，2005 年第 3 期。

⑤ 程大中：《生产者服务论》，文汇出版社 2006 年版。

工程和产品维修及售后服务等诸多方面，但最重要的则是信息服务业、现代物流业、研发服务业、租赁服务业等。[①] 程大中（2008）认为，国民经济中的服务业包括很多部门和行业，那些为生产者提供作为中间投入的服务的部门与行业统称为生产性服务业。[②] 李江帆等（2008）认为，生产性服务业是基于生产和消费框架对服务业作出的“功能性分类”，是指为三次产业的生产过程提供中间投入的服务业，其产出作为“资本品”进入生产过程，与三次产业有较强的产业关联，随着工业化的进程不断发展。[③] 裴长洪等（2008）认为，生产性服务业提供的是市场化的中间服务（非最终消费服务），即作为其他产品或服务生产的中间投入的服务，并具有专业化程度高、知识密集的特点，具体包括交通运输业、现代物流业、金融服务业、信息服务业和商务服务业等重要的行业和部门。[④] 尚于力等（2008）采用投入产出法，对我国生产性服务业进行界定，将中间需求率大于50%的行业界定为生产性服务业，[⑤] 利用 1997 年和 2002 年中国投入产出表的数据分别计算出以提供生产性服务为主的行业，1997 年共18 个行业；2002 年共 19 个行业。为了解决不同的部门分类所导致的数据不可比的情况，以“中国 1997（2002）年投入产出表”的部门分类解释和 GB/T4754—94（2002）《国民经济行业分类》为依据进行比对，将由投入产出表行业划分中计算出的生产性服务业行业转化成国民经济行业分类中的行业，并根据对比结果进行分类，将我国生产性服务业分为交通运输仓储及邮政通信服务、批发零售服务、金融保险服务、计算机服务、租赁和劳务服务、地质勘察和水

---

① 夏杰长：《大力发展生产性服务业是推动我国服务业结构升级的重要途径》，《经济研究参考》，2008 年第 45 期。

② 程大中：《中国生产性服务业的水平、结构及影响》，《经济研究》，2008 年第 1 期。

③ 李江帆、朱胜勇：《“金砖四国”生产性服务业的水平、结构与影响》，上海经济研究，2008 年第 9 期。

④ 裴长洪、彭磊：《中国服务业与服务贸易》，社会科学文献出版社 2008 年版。

⑤ 尚于力、申玉铭、邱灵：《我国生产性服务业的界定及其行业分类初探》，《首都师范大学学报》，2008 年第 6 期。

利管理服务六大类。

综合目前国内外的研究文献，尽管国内外的学者对于生产性服务业的定义各有不同，但总体而言，大多数学者对于生产性服务业的内涵都接受，即生产性服务业是直接或间接为生产过程提供中间服务的服务性产业；争议点主要在于生产性服务业涉及的范围，即生产性服务业的外延。

二、生产性服务业的外延

生产性服务业是由许多行业组成的，国内外学者与政府部门从不同的角度对生产性服务业进行了不同的分类。Browning 和 Signalman（1975）提出，服务业分为分配性服务业、生产性服务业、消费性服务业以及非营利的社会性服务业，其中生产性服务业包括金融、保险、法律工商服务和经纪等知识密集型专业服务。格鲁伯和沃克（1989）将服务业分为生产性服务业、消费性服务业和公共服务业三类，[①] 他们认为"每一服务范畴适用一种显然不同的经济作用，对每一类的需求决定于一些不大相同的力量，达到足以证明分别进行分析性和实证性的论证是有充分根据的"。从目前的文献资料看，国内外学术界对生产性服务业所涵盖的具体行业尚未形成统一的标准。

Howell 和 Green（1986）指出生产性服务业为其他公司提供服务，包括保险、银行、金融和其他商业服务业如广告和市场研究，以及职业和科学服务如会计、法律服务、R&D 等；Marshall（1987）认为服务业包含生产服务业和顾客服务业两大类，其中生产服务业包括研发、流程处理、市场研究、传媒、广告等与信息处理相关的服务业以及销售和储存、废物处理、设备安装、维护和修理等与实物商品相关的服务业。Healy 和 Ilbery（1990）认为生产性服务是为其他产业提供服务，

① 格鲁伯、沃克：《服务业的增长：原因与影响》，陈彪如译，三联书店 1993 年版。

包括市场研究、R&D 等。联合国标准产业分类（SIC）指出生产性服务业主要包括商务和专业服务业、金融服务业、保险业、房地产业等（通常被称为 FIRE）。英国标准产业分类（SIC）指出生产性服务业包括批发分配业、废弃物处理业、货运业、金融保险、广告、研究开发、贸易协会。美国统计局（BOC）指出生产性服务业包括金融、保险、不动产、商业服务、法律服务、会员组织、其他专业服务。美国商务部（BEA）指出生产性服务业包括商业及专门技术（计算机、工程、法律、广告及会计服务）、教育、金融、保险、电子传讯。香港贸易发展局则把生产性服务业的范围界定为专业服务、信息和中介服务、金融和保险服务以及与贸易有关的服务等类别。

中国关于生产性服务业的一些分类主要为三种。一是根据《国民经济行业分类》（GB/T4754—2002）和原国家计委发布的《"十五"期间加快发展服务业若干政策措施的意见》（2001 年 12 月 3 日）提出的生产性服务业包括以下六大主要行业：①现代物流业；②商务服务业，包括企业管理服务、法律服务、咨询与调查、广告业、知识产权服务、职业中介服务、市场管理、旅行社、其他商务服务；③信息服务业，包括电信和其他信息传输服务业、计算机服务业、软件业；④科技服务业，包括研究与实验发展、专业技术服务业、科技交流和推广服务业、地质勘察业；⑤现代金融业，包括银行业、保险业、证券业、其他金融活动；⑥涉农服务业，包括农业科技服务、农民就业服务和农村市场服务。二是国家统计局 2003 年公布的《三次产业划分规定》产业划分目录，生产性服务业主要包括以下六大类：①交通运输业；②仓储和邮政服务业；③房地产业、租赁和商务服务业；④金融服务业；⑤信息传输、计算机服务和软件业；⑥科学研究和技术服务业。[①] 三是2006 年全国人民代表大会发布的《中华人民共和国国民经济和社会发展第十一个五年规划纲要》将生产性服务业分为交通运输业、现

① 国家统计局：《三次产业划分规定》，国统字［2003］14 号，2003 年版。

代物流业、金融服务业、信息服务业和商务服务业，提出了优先发展交通运输业、大力发展现代物流业、有序发展金融服务业、积极发展信息服务业、规范发展商业服务业的指导思想。[①] 2003 年上海市在《上海工业产业导向及投资指南》的鼓励类栏目中，新增了“生产性服务业”，认为生产性服务业包括三个重点专业性服务业（汽车服务、工程装备配套服务、工业信息服务）和五个公共性服务业（技术服务、现代物流、工业房地产、工业咨询服务及其他）。[②] 北京市委书记刘淇（2007）在《大力发展生产性服务业》一文中提到，生产性服务业主要包括金融服务、信息服务、研发服务、物流服务、商务服务以及教育培训服务等方面。[③] 温家宝总理在《2010 年政府工作报告》中指出，大力发展金融、物流、信息、研发、工业设计、商务、节能环保服务等面向生产的服务业，促进服务业与现代制造业有机融合；大力发展市政公用事业、房地产和物业服务、社区服务等面向民生的服务业，加快发展旅游业，积极拓展新型服务领域。

总体来看，目前的分类标准比较繁多，中国生产性服务业分类比较有代表性的是《三次产业划分规定》和《“十一五”规划纲要》中的分类办法。要形成统一的标准，既需要考虑和国际标准的接轨，也需要根据中国现阶段发展的实际情况进行甄别研究。

第二节 产业结构相关研究回顾

改革开放之前，我国经济界很少使用产业结构的概念，有关产业

① 全国人民代表大会：《中华人民共和国国民经济和社会发展第十一个五年规划纲要》，《人民日报》，2006 年 3 月 17 日。
② 刘淇：《大力发展生产性服务业》，《前线》，2007 年第 9 期。
③ 李金勇：《上海市服务业发展研究》，《复旦大学学报》，2005 年第 4 期。

结构的研究，主要归纳在社会主义再生产理论中关于两大部类关系以及农业、轻工业、重工业关系方面。从20世纪80年代开始，中国产业结构的理论研究，开始借鉴西方产业经济学的思路和方法，尝试在新的范式中展开，其特点是以三次产业分类为基础，从静态理论演绎转向动态实证研究，将产业结构专科及其变化与经济发展阶段和水平、要素禀赋、政府干预等联系在一起进行分析。① 进入20世纪90年代以来，我国越来越多的学者开始利用国内外统计资料进行实证分析，以及使用计量经济学模型进行研究。国家统计局于20世纪80年代末编制了1987年投入产出表，为中国经济学界研究产业结构提供了便利。从20个世纪90年代至今，我国经济学界对于产业结构的研究，主要围绕在产业结构存在的问题与调整目标、产业结构变化的趋势和主导产业的研究、产业结构升级问题的研究、产业结构与经济增长关系的研究等方面。

一、产业结构的内涵

产业的概念是介于微观经济主体与宏观经济主体之间的若干集合，是人类社会分工发展的必然结果。产业结构理论体系在20世纪30~40年代逐渐形成，Fisher（1935）在“物质进步的经济含义”一文中，首先提出了三次产业的概念，指出了产业结构的发展趋势是从第一产业占优势，依次过渡到第二产业占优势、第三产业占优势的经济结构。Clark在三次产业分类法的基础上提出了“配第—克拉克定理”，在1940年《经济进步的条件》书中提出，随着人均国民收入水平的提高，劳动力首先由第一产业向第二产业转移；当人均国民收入水平进一步提高时，劳动力便向第三次产业转移。库兹涅茨、霍夫曼、赫希曼、罗斯托、钱纳里等学者从不同研究视角丰富了产业结构理论。

---

① 李华、马树才、袁国敏：《产业结构优化与国有经济战略性调整》，中国经济出版社2005版。

产业结构与服务业关系的研究，可以溯源到威廉·配第（1672）的《政治算术》，“比起农业来，工业的收入多，而商业的收入比工业多；各产业之间相对收入差异，是劳动力在产业间自由流动的原因”，第一次阐述了服务业与产业结构变化之间的某种关系，论述了服务业收入水平的差异和经济发展的不同阶段的关键原因是由于产业结构。亚当·斯密（1776）在《国富论》的开篇就首先提出，“劳动生产力上最大的改进，以及在劳动生产力指向或应用的任何地方所体现的技能、熟练性和判断力的大部分，似乎都是分工的结果”，由于分工而使同一劳动者完成工作量的巨大增长，归因于三种不同的情况：一是由于每一个特定工人熟练程度的提高；二是节约了从一种工作转向另一种工作损失的时间；三是由于发明了大量的工具，方便和简化了劳动，使一个人能干许多人的活。首次指出了发明工具，也就是生产性服务业的作用。[①] 此后，弗朗索瓦·魁奈的纯产品学说、大卫·李嘉图的比较成本理论都对产业结构进行了分析。

关于产业结构，有些学者将之解释为产业内部的企业间关系，也有些学者认为产业结构是各个产业之间的关系。筮原三代（1957）用英文 Inter-industry 说明产业结构就是产业之间的结构，是指一个国家所有产业中的劳动力附加价值、净产值以及投入的资本等经济指标在各个产业领域中的分布状况，即比例关系。他认为从更广的意义上，也可以把产业之内的结构，即产业组织包括在内，但一般来说产业结构是指产业之间的关系。[②] 贝恩（1959）在《产业组织》一书中提出了产业组织的概念，明确把产业内部的企业间关系定义为产业组织；此后，对于产业结构的定义基本上是指产业之间的关系。《现代产业经济学辞典》把产业结构定义为各产业部门之间、各产业部门内部各行业及企业间的构成及其相互制约的联结关系。在狭义产业经济学（产业组织学）中，产业通常是指具有同一属性的经济活动的集合。在广义

① 亚当·斯密：《国富论》，唐晓松等译，华夏出版社 2005 年版。
② 杨治：《筮原三代的产业结构理论》，《现代日本经济》，1982 年第 4 期。

产业经济学中，产业是介于宏观经济与微观经济之间的中观经济，是国民经济结构的重要组成部分。刘伟（1995）认为，产业结构分析是揭示产业及产业之间相互运动关系的理论。产业结构研究重点是分析产业间的关系，因而有别于宏观经济分析，又不同于微观经济分析产业结构研究，既不是对经济个量的考察，也不是对经济总量的考察。比之于微观经济单位，如企业、家庭而言，产业不是一个微观经济范畴；比之于宏观经济总量而言，如总供给、总需求而言，产业不是宏观经济范畴。产业是介于宏观与微观分析对象之间的一个“集合”概念。①

产业结构的基本含义研究，主要从两个角度展开的。一是从质的角度动态地揭示产业间技术经济联系与联系方式不断发展变化的趋势，揭示在经济发展过程的国民经济各产业部门中，起主导或支柱地位的产业部门的不断替代的规律及其他相应的结构效益。二是从量的角度静态地研究和分析一定时期内产业间联系与联系方式的技术经济数量比例关系，即产业间投入与产出的量的比例关系。从区域来看，产业结构是指国民经济各产业的区域分布状态。产业总是在一定的空间上形成和存在，产业的定向分布是否合理，对一个国家的资源配置效果具有重要的影响。产业结构通过产业间质的组合和量的规定，构成产业间经济资源的分布结构。这种结构既是产业间的数量比例关系，又是产业间质的联系的有机耦合：既是动静态比例的关系，又是区域分布动态关联的发展。按照对于产业结构内涵和外延的不同，对产业结构的研究有“广义”和“狭义”之分。狭义产业结构的内容主要包括：构成产业总体的产业类型、组合方式，各产业之间的本质联系，各产业的技术基础、发展程度及其在国民经济中的地位和作用。广义产业结构除了狭义产业结构的内容之外，还包括产业之间在数量比例上的关系、在空间上的分布结构等。②

① 刘伟：《工业化过程中的产业结构分析》，人民大学出版社 1995 年版。

② 蒋昭侠：《产业结构问题研究》，中国经济出版社 2005 年版。

关于产业结构的研究分类，目前主要有两大领域两大部类、资源密集度、三次产业和国际标准产业四种分类方法，其中三次产业分类法最为常见，是目前国际上通用的产业结构分类方法。[①] 中国的国民经济行业分类与代码参照了国际标准产业分类。国际标准产业分类是指联合国颁布的《全部经济活动的国际标准产业分类》(ISIC)，将产业分类为 A~Q 共 17 个部门。[②] 关于产业结构变动的研究，大多使用了三次产业分类法的三个指标：一是各产业的就业人数及其所占的比例变化；二是各产业的资本额及其所占的比例变化；三是各产业所创造的国民收入及其在全部国民收入中的比重。对三次产业状况的判断主要使用两类指标：一是各产业的就业人数及所占比重；二是各产业的国民生产总值或国内生产总值及其在全部国民生产总值中的比重，也用到各产业所创造的国民收入及在全部国民收入中的比重等。

二、产业结构与服务业关系的研究

关于产业结构与服务业关系的研究，从最早的配第定律，到钱纳里的标准产业结构，以至 20 世纪 50 年代以来的库茨涅茨、里昂惕夫、刘易斯、赫希曼、罗斯托等，在他们关于产业结构理论的研究中都可以看到服务业与产业结构关系方面的相关阐述。

关于产业结构的研究，目前的文献资料显示，英国经济学家威廉·配第（1690）最早在《政治算术》中阐述了产业间收入相对差异的规律性，根据观察研究的方法，发现制造业比农业、商业比制造业能够得到更多的收入，认为不同产业间收入的相对差异是导致劳动力向更高收入部门转移的原因。[③] 配第定律首次阐述了服务业在产业结果演变规律中的作用，确定了产业劳动率提高以及工人由低生产率产业向高

---

① 杨德勇、张宏艳：《产业结构研究导论》，知识产权出版社 2008 年版。

② 毛林根：《产业经济学》，上海人民出版社 1996 年版。

③ 威廉·配第：《政治算术》，陈冬野译，商务印书馆 1978 年版。

生产率产业转移，是推动经济增长的根本机制，开辟了产业结构理论研究之先河。英国经济学家克拉克（1940）通过统计分析对配第发现的产业间收入相对差异性规律进行了印证，在《经济进步的条件》中指出，随着人均国民收入水平的提高，劳动力首先由第一次产业向第二次产业转移，当人均国民收入水平进一步提高时，劳动力便向第三次产业转移，认为需求和效率是导致这种转移的根本原因。后人把其结论与配第定律合称为配第—克拉克定理。配第、克拉克等早期对产业结构进行研究的学者，主要是通过对经济现象的观察以及对经济数据的简单分析的方法，从经济发展的纵向关系来考察产业结构的变化规律。配第和克拉克在他们的研究中，都发现了劳动力向服务业转移的产业结构演变规律。

马克思认为生产力的提高引起社会分工，服务业从生产部门分离出来，导致产业结构发生变化。对于产业结构产生的根源，马克思认为生产力的发展导致分工的出现，而分工的结果必然出现不同的产业。《资本论》第一卷中写道："单就劳动本身来说，可以把社会生产分为农业、工业等大类，叫做一般的分工；把这些生产大类分为种和亚种，叫做特殊的分工；把工场内部的分工叫做个别的分工。"① 生产力水平的提高引起社会分工，导致产业结构发生变化，分工越细，产业部门也就越多元化。对于产业结构的变化，马克思阐述了价值规律的发展形态——生产价格规律在调节和平衡社会各生产部门的比例关系中发挥作用的过程，由于部门之间的竞争形成了平均利润率，价值转化为生产价格，价值规律就以生产价格规律的形式发生作用，生产价格规律通过市场价格围绕生产价格波动，自发地调节生产要素在不同部门之间的流入和流出。对于产业结构的演变规律，马克思发现了生产资料生产优先增长规律，"随着资本主义生产的发展，投在机器和原料上的资本部分在增加，花在工资上的资本部分在减少，这是不容争辩的

① 马克思、恩格斯：《马克思恩格斯全集》，人民出版社 1972 年版。

事实”，“随着机器体系的每一进步，由机器、原料等构成的不变资本部分不断增加，而用于劳动力的可变资本部分则不断减少”。[①]

在关于产业结构的文献中，美国经济学家西蒙·库兹涅茨通过收集和整理多国的产业数据，从三次产业国民收入比例的视角对国民收入与产业结构变化的关系进行了统计分析，其中包括服务业与产业结构的关系。库兹涅茨认为，经济的宏观增长与结构变迁有密切的关系，在经济的宏观表现上，不同部门之间的劳动生产率或投入生产率的差别造成了经济的增长。[②] 库兹涅茨（1985）从国民收入和劳动力两个方面研究了产业结构演进规律，[③] 根据 57 个国家的统计资料整理出人均国内生产总值几个不同基准点的产业结构变化趋势，通过分析 59 个国家的统计资料总结出劳动力在三次产业中所占份额的发展趋势，得出如下结论：①随着时间的推移，第一产业的国民收入在整个国民收入中的比重与该产业中劳动力相对比重一样，呈不断下降趋势；②第二产业的国民收入相对比重和劳动力相对比重的基本趋势是不断上升；③第三产业的劳动力相对比重，几乎在所有的样本国家都呈上升趋势。但国民收入的相对比重却未必与之同步，国民收入的相对比重在这些样本国家是大体不变或略有上升。[④] 通过对横截面数据的统计分析，库兹涅茨发现，当人均 GDP 处于 70~300 美元时，农业部门的产值份额显著下降，工业部门和服务部门的产值份额大幅度上升；随着人均 GDP 的提高，农业部门劳动力份额下降速度较为明显，工业部门和服务部门劳动力份额上升趋势也更加强烈。当在人均 GDP 处于 300~1000 美元时，农业部门的产值份额和劳动力份额继续下降，而工业部门及服务部门则呈上升趋势，其中工业部门产值份额上升了 15 个以上的百分点，而服务部门的产值份额则基本不变；工业部门和服务部门的劳

① 马克思：《资本论》，郭大力、王亚南译，人民出版社 1953 年版。

② Simon Kuznets. *Economic Development, the Family and Income Distribution*, Cambridge Press, 1989.

③ 西蒙·库兹涅茨：《各国的经济增长》，商务印书馆 1985 年版。

④ 李昌宇：《资源倾斜配置研究——中国产业结构转变过程》，陕西人民出版社 1994 年版。

动力份额都有较大比例的上升，工业部门比服务部门上升更快。对于国民经济的非农业部门来说，在人均 GDP 较低的横截面上，虽然其产值和劳动力份额上升迅速，但其内部结构转变较为缓慢；在人均 GDP 水平较高的区间内，非农部门内部结构变化则较为显著。① 库兹涅茨对于产业结构的研究，严格按照数据提示的结构变迁，产业结构以简单的百分比形式清晰地表达出来。②

表 2-1 赛尔奎因、钱纳里的标准结构模式（1989 年）

	人均国内生产总值的基准水平					
	300 美元以下	300 美元	500 美元	1000 美元	2000 美元	4000 美元
			产值结构			
第一产业	46.3	36.0	30.4	26.7	21.8	18.6
第二产业	13.5	19.6	23.1	25.5	29.0	31.4
第三产业	40.1	44.4	46.5	47.8	49.2	50.0
			劳动力结构			
第一产业	81.0	74.9	65.1	51.7	38.1	24.2
第二产业	7.0	9.0	13.2	19.2	25.6	32.6
第三产业	12.0	15.9	21.7	29.1	36.3	43.2
			相对劳动生产率结构			
第一产业	0.59	0.53	0.49	0.44	0.40	0.40
第二产业	3.00	3.07	2.53	2.04	1.70	1.40
第三产业	2.58	2.04	1.59	1.30	1.13	1.03

资料来源：Syrquin & Chenery. "Three Decades of Industrialization", *The World Bank Economic Reviews*, 1989, Vol.3 : 152-153.③

钱纳里和赛尔奎因（1989）在全面分析结构转变和影响结构转变的多种因素的基础上，揭示了经济发展和结构变动的"标准形式"。钱纳里和赛尔奎在《工业化和经济增长的比较研究》一书中通过对 39 个国家（地区）的总量增长因素的索洛模型估计结果比较研究的基础上，归纳出工业化的一般特征或结构转变的一致性方面，提出了影响产业

① 储玉坤、孙宪钧：《美国经济》，人民出版社 1990 年版。
② 叶静怡：《发展经济学》，北京大学出版社 2007 年版。
③ 史忠良：《产业经济学》，经济管理出版社 2005 年版。

结构变动因素的三组假说。一是以恩格尔定律所作的概括为基础的需求说；二是以随着资本和劳动技能的积累而产生的比较优势的变化为基础的贸易说；三是技术说，涉及加工产品对原料的替代以及生产率增长速度差异的影响。在工业化的不同阶段，影响工业化的各种因素的相对重要性也不完全相同。在结构转变的动态分析中，把结构转变分为三个阶段，即初级产品生产阶段、工业化阶段和发达经济阶段。对产业结构的研究，在研究内容的广度和深度上比库兹涅茨前进了一步。钱纳里和赛尔奎等通过比较研究，概括出外向型、中间型和内向型三种工业化的主要类型和发展模式，战略、政策和结构转变以及发展实绩之间的联系，认为不同国家的结构转变受一个国家的资源禀赋、初始结构以及所选择的产业政策的影响，没有统一的模式。

罗斯托提出了经济发展的五阶段理论，[①] 认为根据经济发展水平，任何社会都可以归入五种发展阶段：传统社会、起飞准备阶段、起飞阶段、成熟阶段、高额群众消费阶段。传统社会是指人类对世界的认识处于原始状态，人们的生产完全受自然条件的限制，生产力水平低下，生产的扩张主要靠人口和土地的增长，人们的生产活动主要集中在农业部门。起飞准备阶段即由传统社会向起飞阶段的过渡时期，这是一个激烈的动荡期，社会观念、文化价值和制度都在发生深刻变化，在经济上逐步表现出社会商业化的趋势，比如金融市场的出现和发展、商业化的经济活动、对交通和通信投资等；占劳动人口大多数的农业劳动力向工业、交通、贸易和现代服务业转移，其中农业剩余由奢侈性的消费转移到对工业和社会基础设施的投资最为关键。起飞阶段是一个较长的过程，经济开始进入快速增长的稳定时期，新的价值结构已经建立并成为主流；产业结构主要表现为现代部门的增长，传统产业如农业实现了产业化，成为现代农业；农业生产率的增长是起飞成功的关键，农业和社会基础设施是起飞的条件。成熟阶段主要是依靠

① W. W. Rostow, *The Stage of Economic Growth*, Cambrige University Press, 1960.

技术进步以达到高度物质文明，社会政治和文化结构保持稳定，技术进步引起主导产业的变化。高额群众消费阶段，大部分人的基本衣食住行完全得到满足，人口高度城市化，物质财富高度发达，资源分配出现社会福利化的配置方式。罗斯托认为，一个国家最重要的阶段就是“起飞”阶段，经济发展过程中最困难的是“起飞”，一旦超越了传统社会起飞，经济就可以持续地增长了。[①]

丹尼尔·贝尔（1974）提出了人类社会发展的三阶段理论，[②]该理论以“后工业社会”理论为核心，认为服务业在不同时期适应不同的生产技术水平有不同的内部变化和发展，服务业在经济发展的三个时期作为一个产业整体一直在发展，而工业只在一个时期有显著增长。后工业社会有四个特征：后工业社会是服务社会；知识、科学和技术在社会生活中占据主要地位；专业人员和技术人员具有突出的重要性；价值体系和社会控制方式的变化。贝尔提出人类社会发展可以分为三个阶段，即前工业社会、工业社会、后工业社会。第一阶段为前工业社会，是在传统制度下构造起来的农业社会；人类主要与自然进行斗争，生产率低，生产主要满足基本生活需要；社会活动的基本单位是大家庭。由于生产率低和人口众多，存在较高比例的就业不足，这些不足的就业人口通常分布在农业部门和家庭服务业部门，因此有较高的服务业成分，主要为个人服务和家庭服务。第二阶段为工业社会，也就是商品生产社会。一个由机器统治的社会，是技术化或工具理性化的世界，人、物质和市场被组织起来仅为了商品的生产和流通。第三阶段为后工业社会，基础是服务，财富的来源不再是体力、能源，而是信息。贝尔发现，在各个发展阶段中，服务业在经济中的比重与经济发展水平的关系并非简单的线性关系，要将“后工业社会”中的服务业与在此之前发展的服务业加以区分，以突出“后工业社会”作

---

① 刘成林：《现代服务业发展的理论与系统研究》，天津大学出版社 2007 年版。
② 贝尔：《后工业化社会的来临——对社会预测的一项探索》，商务印书馆 1984 年版。

为“服务社会”的独特性。服务业的发展划分为三个阶段，并强调了服务业本身的发展问题。在前工业社会，生产率低，剩余劳动力多而素质差，服务业主要为个人服务和家庭服务；在工业社会，则是以与商品生产有关的服务业如商业为主；在后工业社会，则是以知识型服务和公共服务为主。

服务业增长与产业结构的关系研究，主要体现在库兹涅茨、罗斯托、钱纳里和帕西内蒂等学者对经济增长和产业结构的关系研究中，他们的观点差异主要反映在经济增长和产业结构变化的关系中何者起主导作用的理论分歧。库兹涅茨重视从需求的角度来分析产业结构的变化，将总量增长看做产业结构有序的渐近变动趋势。罗斯托采用非均衡的动态结构演进分析方法，偏重于产业结构机理分析，强调结构变动对总量增长的作用。钱纳里采用非均衡的分析方法，将结构因素引入经济增长模型，支持结构变动对经济增长的影响。帕西内蒂把结构变动纳入到经济增长的分析中，通过各个部门的生产率的不同来分析资源的重新配置，从而引发资源的合理利用，带动国民经济增长。库兹涅茨认为经济增长是一个总量的过程，服务业的变化同总量的变化相互联系；在总量与结构变动的关系中，首要的是总量增长，即总量增长伴随人均国民收入水平的提高是引起需求变动的主要原因，并进而引起经济结构包括产业结构的变动。[①] 罗斯托以创新为基点，考察了在某些部门率先出现的创新，通过与其他部门的复杂关联，对产业结构转换发生的重大影响，尤其是以创新为基础的主导部门通过其扩散效应推动产业结构转换，从而加速经济增长的状况。[②] 鲁宾逊、钱纳里、费德等在新古典经济增长模型的基础上加入了结构变量来研究经济增长，以统计分析来说明结构变量在经济增长中的作用。钱纳里把经济增长过程看做国民经济结构的一组变化，[③] 这组变化与国民收入水

① 库兹涅茨：《各国的经济增长》，商务印书馆 1985 年版。

② W. W. 罗斯托：《经济增长的阶段》，中国社会科学出版社 2001 年版。

③ 钱纳里：《工业化和经济增长的比较研究》，三联书店 1989 年版。

平的增长有密切关系。认为经济增长是一种非均衡增长，由于非均衡增长过程存在增长要素的边际收益差异，因而必然存在资本和劳动在不同产业之间的转移和流动，这种非均衡增长所引致的生产要素从低收益部门向高收益部门的流动必然产生结构效应。帕西内蒂认为经济增长有三种原因，即人口增长引起的、人口增长和技术进步共同引起的及结构变化引起的，认为结构变化引起经济增长是更常见的情形。[①] 伯格和布鲁斯·赫里克曾的研究表明，在较发达经济结构的投入产出模型中，结构效益在经济增长中起着重要作用，成为现代经济增长的基本支撑点，这种来自结构的效益远远超过个别的劳动生产率提高的经济效益。乔根森对美国经济增长的根源及所进行的国际比较，也证明了结构变动在经济增长中的作用。[②] 郭克莎（1999）认为，中国经济改革和开放以来，随着中央计划调控作用的减弱和市场机制调节作用的增强，结构变化对经济增长的作用和影响越来越明显地表现出来。产业间的结构变化决定着经济增长的格局和速度，而在背后推动或拉动产业结构变化的则是需求结构、外贸结构、投入结构、生产率结构以及制度结构等一系列因素的作用。与其他发展中国家相比，我国的产业制度结构变动产生着更大的影响。[③]

第三节　生产性服务业与产业结构关系的研究动态

从国外研究文献看，20 世纪 70 年代以来，关于生产性服务业的研究大量出现。根据目前掌握的资料，其中关于生产性服务业与产业结构关系的研究很少，归纳起来，对于生产性服务业的研究主要集中

① L. L. Pasinetti. "*Structural Change and Economic Growth*", Cambridge University Press, 1981.

② 布鲁斯·赫里克曾、伯格：《经济发展》，上海译文出版社 1986 年版。

③ 郭克莎：《产业结构偏差对我国经济增长的制约及调整思路分析》，《经济研究参考》，1999 年第 99 期。

在以下领域：生产性服务业与制造业产业发展、生产性服务业与经济增长、生产性服务业外包、生产者服务业的产业集聚等方面；使用的研究方法基本上以理论阐述、实证分析、截面和时间序列数据回归分析为主，以及基于分工理论、产业组织理论、投入产出理论等进行研究。

根据目前的文献检索，关于生产性服务业在产业结构演进中的影响机制尚没有找到系统的理论研究，运用量化分析方法的研究更少。根据最近几年国内外的研究成果，从不同的研究视角分类，可以将国内学者的研究归纳分类为七个方面，即生产性服务业与制造业互动关系，生产性服务业与服务业互动关系，生产性服务业与经济增长关系，生产性服务业外包与产业结构关系，生产性服务业与产业结构影响关系，生产性服务业国际经验分析，生产性服务业发展动因。下面对这七个方面的最新研究，进行进一步的阐述分析。

一、生产性服务业与制造业互动关系

关于生产性服务业的研究，国内学者目前的一个热点就是生产性服务业与制造业相互关系的研究，并得出了不少令人关注的研究成果。吕政、刘勇、王钦（2006）使用经济分析方法对生产性服务业与制造业互动关系的内在机理进行了深入的研究，以国际经验的归纳和比较为基础，全面解析了我国生产性服务业发展所面临的瓶颈，从消除进入壁垒、强化分工优势、促进产业关联、推动服务业创新、优化产业布局和加强区域协调等方面提出了我国生产性服务业发展的战略途径。[①] 汪斌、金星（2007）从投入产出角度，运用计量模型分析 15 个发达国家的生产性服务对制造业竞争力的提升作用，发现生产性服务业已成为提升制造业竞争力重要的中间投入，在某些行业，它是提升其竞争

① 吕政、刘勇、王钦：《中国生产性服务业发展的战略选择》，《中国工业经济》，2006 年第 8 期。

力最主要的中间投入；生产性服务业各行业对制造业各行业竞争力的提升作用存在差异，金融保险业对纺织服装业和汽车制造业竞争力的提升作用最大，而商务服务业对计算机制造业的提升作用最大。[①] 高传胜（2008）基于中国投入产出数据的实证研究，发现信息通信服务、金融服务、科教文卫服务对制造业升级的支撑作用较大，而商贸和交通运输的作用相对较小。[②] 陈健、史修松（2008）在以我国生产性服务业为研究对象，在理论建模基础上，重点从与制造业行业的产业关联角度分析了生产性服务业的发展问题，相关实证结果表明，和制造业行业的关联性显著地影响了我国生产性服务业当前阶段的发展，这种关联性既体现在制造业行业集聚效应方面，也体现在制造业行业的大规模中间需求方面，制造业对生产性服务业的需求同时还存在着明显的行业差异性。[③] 冯泰文（2009）在对生产性服务业的发展与制造业效率关系进行理论分析的基础上，运用中国制造业 28 个细分行业 1999~2006 年的面板数据，引入交易成本和生产制造成本作为中介变量，研究因生产性服务业的发展而提升制造业效率的内部机理。研究结果表明，生产性服务业的发展促进了制造业效率的提高，其中以金融业的影响作用最为明显。交易成本是生产性服务业促进制造业效率提升的中介变量，但生产制造成本并没有通过中介效应的检验。[④] 杨玲（2009）运用投入产出法分析美国 1997 年、2002 年、2007 年的生产性服务业发展现状，并与同期的制造业、消费者服务业、政府服务业的相互作用进行分析，发现美国的生产性服务业在产业结构比重不断增加的同时，表现出与制造业分离的状态，对实际制造业投入率的趋小使现有的生产性服务业对制造业的作用不如当初。[⑤]

① 汪斌、金星：《生产性服务业提升制造业竞争力的作用分析》，《技术经济》，2007 年第 1 期。
② 高传胜：《中国生产者服务对制造业升级的支撑作用》，《山西财经大学学报》，2008 年第 1 期。
③ 陈健、史修松：《产业关联、行业异质性与生产性服务业发展》，《产业经济研究》，2008 年第 6 期。
④ 冯泰文：《生产性服务业的发展对制造业效率的影响》，《数量经济技术经济研究》，2009 年第 3 期。
⑤ 杨玲：《美国生产者服务业的动迁与启示》，《经济与管理研究》，2009 年第 9 期。

二、生产性服务业与服务业互动关系

最近几年国内关于服务业的研究逐渐增加，不少服务业研究方向的学者对于生产性服务业在服务业中的作用地位与相互关系展开了研究。夏杰长（2008）运用定性分析的方法，认为生产性服务业是现代服务业核心内容，服务业发展层次和演变规律要求大力发展生产性服务业，发展生产性服务业是走新型工业化道路的需要，是实现服务业结构升级的重要目标。其论证了生产性服务业的发展能够直接增加第三产业的产值比例，可以促进产业结构由劳动密集型向技术密集型的演变，能够促进产业结构由低效化向知识化演进。生产性服务业的发展促进制造业结构升级，提供的中间服务作为生产要素融合于生产的各个阶段和环节，既有助于企业降低生产成本和组织成本，又能提升产品质量、改变产品内容、提高产业链效率；为制造型企业提供高层次的人力资本、专业化的研究机构、优良的基础设施等必要的生产要素条件；提高交易活动的效率，促使聚集经济形成，使同业竞争和相关支持产业的发展成为可能；改善制造业的投资环境，加速城市化进程，提供需求基础，促进第三产业结构升级。随着经济水平的提高，以及生产社会化、信息化、市场化和国际化的提高，生产性服务业和消费性服务业的需求逐渐增大，在第三产业中的比重逐渐增多。生产性服务业比重增大是第三产业内部结构升级优化的首要标志。夏沁芳（2008）以北京2002年、2005年投入产出表为基础数据，通过分析生产性服务业对服务业发展的推动作用、生产性服务业自身结构变动趋势以及计算“依赖度”等，以反映生产性服务业促进制造业、服务业以及三次产业结构升级的内在规律和具体表现。通过量化分析可以发现，北京生产性服务业对产业结构调整、升级的影响，主要表现在带动服务业规模的扩大、内部结构呈现高端化趋势、推动知识密集型现代服务业的发展、为制造业升级提供了有力的支撑、制造业与生产性服务业呈现互动发展态势。[①] 夏晴、何万里（2008）对浙江省服务业外资与 GDP、人均 GDP、服务业比重之间的关系进行了实证分析，由此判断服务业外资在促进区域经济发展和产业结构升级中的作用，发现浙江服务业外资与 GDP、人均 GDP 以及服务业比重之间均存在着双向的因果关系：浙江省的经济持续增长和产业结构不断改善是吸引服务业外资的重要因素，服务业外资的增加也在促进着浙江经济进一步发展和产业结构的进一步改善，浙江服务业外资对 GDP、人均 GDP 的影响在同等增速下比全行业外资和非服务业外资的影响要大，浙江服务业外资对 GDP、人均 GDP 和服务业比重的影响都是滞后的。[②]

三、生产性服务业与经济增长关系

关于生产性服务业与经济增长关系的研究，国内外学者均有不少研究，研究方法大多采用定性与定量相结合的方法，研究的视角各不相同，总体来看，基本上都认同生产性服务业对于经济增长具有促进作用。钟韵、闫小培（2002）通过阐述我国经济结构的变化和目前生产性服务业的地位特征，分析我国生产性服务业发展与经济结构变化及经济发展水平的特征及关系，预测我国生产性服务业的发展潜力，针对我国经济发达地区探讨生产性服务业对区域发展的作用，以广州市为例分析了生产性服务业在城市发展中的地位及对区域的影响。[③] 王岳平（2004）从定量分析的角度系统研究了我国经济结构变化对交通运输业的影响，研究表明交通运输业与经济发展的阶段有着较强的相关性，对交通运输业需求影响最大的部门是原材料型重工业，在数量上影响货物运输增长的主要因素还是经济总量，影响旅客运输需求的

① 夏沁芳：《生产性服务业与大都市产业结构调整关系的实证研究》，《统计研究》，2008 年第 12 期。
② 夏晴、何万里：《服务业外资对区域经济发展及产业结构的影响》，《国际贸易问题》，2008 年第 5 期。
③ 钟韵、闫小培：《我国生产性服务业与经济发展关系研究》，《人文地理》，2003 年第 10 期。

主要是结构因素，其中城镇化因素比产业结构因素影响更大。[①] 江小涓、李辉（2004）认为，服务业比重随着经济发展不断上升是一个普遍认可的规律，但是我国自 20 世纪 90 年代初期以来，服务业比重在一个低水平上保持稳定有悖规律，这种现象的产生，有我国经济增长模式、经济体制、在全球产业分工中的定位、认识和政策、统计口径等多方面的原因。[②] 通过考察我国服务业的发展与内部结构的变化，将我国与世界其他国家的数据进行了比较研究，从多个角度，用不同的数据样本分析经济增长与服务业发展的关系，建立多元回归模型分析收入水平、消费结构、城市化等因素变化对服务业今后发展的影响，预期随着我国经济的持续快速增长，服务业比重会在我国人均 GDP 上了一个新台阶后明显提高。程大中（2004）认为，服务业在国民经济中的突出作用表现在它具有黏合剂功能，也正因为这一功能使之成为经济增长和效率提高的助推器、经济竞争力提升的牵引力、经济变革与经济全球化的催化剂。服务作为一种软性生产资料正越来越多地进入生产领域，对提高经济效率和竞争力产生重要影响。[③] 周雅等（2008）从生产性服务业的地区生产总值、对经济增长的贡献率、就业人数、劳动生产率、影响力系数和感应度系数等方面分析了北京市生产性服务业现状，论述了生产性服务业的发展与产业结构升级的关系；并在此基础上结合北京市的产业结构和经济发展背景，提出了基于北京市产业结构优化的生产性服务业的政策建议。[④] 刘伟等（2008）研究了产业结构变迁对经济增长的影响，将技术进步和产业结构变迁从要素生产率中分解出来，实证度量了产业结构变迁对中国经济增长的贡献，并将其与技术进步的贡献相比较，发现在改革开放 30 年中产业结构变迁对中国经济增长的贡献一度十分显著，但是随着市场化程

① 王岳平：《产业结构对交通运输业发展影响的定量分析》，《管理世界》，2004 年第 6 期。
② 江小涓、李辉：《服务业与中国经济：相关性和加快增长的潜力》，《经济研究》，2004 年第 1 期。
③ 程大中：《中国生产性服务业的水平、结构及影响》，《经济研究》，2008 年第 1 期。
④ 周雅、王江：《北京市生产性服务业的发展与产业结构的优化》，《经济师》，2008 年第 10 期。

度的提高，产业结构变迁对经济增长的贡献呈现不断降低的趋势，逐渐让位于技术进步，即产业结构变迁所体现的市场化的力量将逐步让位于技术进步的力量。结构变迁效应的减弱并不表明市场化改革的收益将会消失，某些体制因素仍然阻碍着资源配置效率进一步提高。[①]

四、生产性服务业外包与产业结构关系

生产性服务业的一个重要表现形式为国际服务贸易。关于这方面的研究很多，主要是从国际贸易和外商直接投资的视角进行了大量有益的研究探索。刘庆林、廉凯（2006）研究了服务业外包对印度产业结构的影响，发现依据不同的产业结构理论分析得到不同的结论：在传统产业结构理论下，承接服务业外包对印度产业结构升级产生了积极的推动作用；在横向产业结构理论下，承接服务业外包对印度整体产业结构的升级没有产生根本性的促进作用，产生这一结果的原因既有产业结构理论方面的因素也有印度经济现实的原因。[②] 伍华佳、张莹颖（2008）基于国际服务贸易影响产业结构升级的理论传导机制，在考察 20 多年来中国服务贸易的发展对产业结构升级的影响的基础上，引入物质资本、人力资本和技术进步这三个中介变量，采用中介效应分析方法来检验服务贸易通过物质资本积累效应、人力资本积累效应及技术进步效应影响产业结构升级的机理和程度。通过研究实证结果表明，我国服务贸易对产业结构升级的影响主要由这三个中介效应发生作用，其中服务贸易的跨境进出口主要通过人力资本积累和技术进步效应从而使产业结构升级，而服务业投资的三个主要中介效应都表现为显著。[③]

---

① 刘伟、张辉：《中国经济增长中的产业结构变迁和技术进步》，《经济研究》，2008 年第 11 期。

② 刘庆林、廉凯：《服务业外包对印度产业结构影响的分析》，《亚太经济》，2006 年第 6 期。

③ 伍华佳、张莹颖：《中国服务贸易对产业结构升级中介效应的实证检验》，《上海经济研究》，2009 年第 3 期。

五、生产性服务业与产业结构影响关系

关于生产性服务业与产业结构影响关系的研究很少，根据文献检索的结果，只有少数几篇。而且研究方法基本上是定性阐述，进行深层次理论研究的文献不多，其中运用定量研究方法的更少。林兰、曾刚（2003）运用经验研究的方法分析了美国纽约城市产业结构，发现20世纪50年代以来纽约的产业结构高级化不断发展，制造业急剧衰落，以生产性服务业为代表的第三产业迅速崛起；20世纪90年代末起，证券、工程管理、制药、出版、制衣等产业呈现较大的发展潜力，而房地产、银行、健康服务业增长相对缓慢，服务业与制造业相互融合的趋势十分明显，经验证明以竞争优势代替比较成本优势、优先发展生产性服务业、注重产业之间的融合是推动城市产业结构高级化的有效手段。[①] 刘重（2006）运用定性研究的方法，论述了生产性服务业对产业结构的影响与作用，认为适时进行战略性产业结构调整是保持经济长足发展的关键，推进新型工业化与加快发展现代生产服务业是并行不悖的。生产服务业与制造业之间并非简单的因果关系，而是一种不断加强的相互依存的双向互动关系。发达的生产性服务业是经济现代化的重要标志，生产性服务促进企业的竞争力、提升产业结构升级，生产性服务是形成产品差异性和企业之间进行非价格竞争的重要手段，生产性服务业的发展促进了产业组织结构的变革。我国生产性服务业表现为外置化、与现代制造业融合、专业化分工的发展趋势，促进了城市产业聚集和结构优化。[②] 路红艳（2008）运用定性研究的方法，论述了在现代发达的经济体系中，生产性服务业的发展对于促进产业结构优化升级、提升产业竞争力具有重要的作用。目前我国产业

---

① 林兰、曾刚：《纽约产业结构高级化及其对上海的启示》，《世界地理研究》，2003年第9期。

② 刘重：《生产性服务业对产业结构的影响及发展趋势分析》，《发展研究》，2006年第6期。

结构优化升级面临着服务业发展滞后于工业、因生产性服务业发展不足而制约制造业升级和整体产业链竞争力低三大突出矛盾，应该高度重视生产性服务业在促进产业结构优化升级中的作用，从国际分工、专业化分工和产业互动角度大力促进生产性服务业的发展。[①] 邓丽姝（2008）运用定性研究的方法，结合北京经济发展实际，探讨了生产性服务业发展与北京产业结构升级的关系机理。他认为一方面生产性服务业是北京产业结构升级的重要引擎；另一方面产业结构升级推动了北京生产性服务业的发展。[②]

六、生产性服务业国际经验分析

生产性服务业的发展研究起源于西方发达国家，研究发达国家生产性服务业的经验，无疑是可以总结出相关规律的，中国以及国外的学者们对此进行了大量有益的研究分析，得出了一些值得借鉴的成果。陈凯（2006）利用 1968~2002 年的英国投入产出表，将英国服务业中用于中间需求的部分界定为生产服务业，并由此分析了英国生产性服务业的发展趋势及现状，发现英国生产性服务业增加值占服务业的比重不断上升，与人均 GDP 之间存在显著的正相关关系，生产性服务业中为农业、工业服务的部门比重不断下降，而为服务业服务的部门比重不断上升。[③] 顾乃华（2008）通过分析典型国家的数据，描述了生产性服务业的发展趋势以及该趋势形成的内在机理。生产性服务业的增加值和就业比重均在不断上升，但前者上升幅度较后者大。这是因为生产性服务业的相对劳动生产率也在不断提高。生产性服务业不断发展壮大是源于其强大的产业关联效应，尤其是前向的产业关联效应。[④] 李江帆、朱胜勇（2008）采用投入产出法对“金砖四国”生产性服务

① 路红艳：《大力发展生产性服务业促进我国产业结构优化升级》，《经济前沿》，2008 年第 2 期。
② 邓丽姝：《生产性服务业发展与北京产业结构升级的关系机理》，《特区经济》，2008 年第 12 期。
③ 陈凯：《英国生产服务业发展现状分析》，世界经济研究，2006 年第 1 期。
④ 顾乃华：《生产性服务业发展趋势及其内在机制》，《财经论丛》，2008 年第 3 期。

业发展的水平、结构及影响进行经验研究，发现我国生产性服务业占国民总产出的比重低于俄罗斯、印度和巴西，我国国民经济的服务投入率偏低，劳动密集型生产性服务业的比重较大，知识密集型生产性服务业的比重较小；中国与印度生产性服务业主要为第二产业服务；房地产业、金融保险业、交通运输业、批发零售贸易与修理业的产业关联系数较大，是我国生产性服务业的基础性行业。①

七、生产性服务业发展动因

关于影响生产性服务业的因素，我国学者也进行了大量的研究，有的学者认为专业化程度、效率、非国有产权比重是影响生产性服务业发展的主要因素，而高新技术产业对生产性服务业的发展有抑制作用；有的学者认为工业化程度、市场发育程度、社会需求、城市化水平等是促进生产性服务业快速发展的关键因素；有的学者认为生产性服务业全要素生产率下降的原因前期为技术进步、后期为技术效率；有的研究认为知识密集度、城市化水平以及资源利用集约化程度是影响生产性服务业发展的主要因素。韩德超、张建华（2008）在理论分析基础上，利用 1997~2006 年中国各地区生产性服务业和经济发展的有关数据，利用面板数据模型考察和识别中国转型时期专业化分工、产权结构、效率、工业结构、工业化进程和制造业集聚对东部、中部和西部生产性服务业发展的影响。结果表明，专业化程度加深、效率提高、非国有产权比重的增加与各地区生产性服务业发展显著正相关，而高新技术产业发展对现阶段生产性服务业的发展有抑制作用，工业化进程的推进对各地区生产性服务业的发展影响微弱；分工深化对东部地区生产性服务业发展的影响最大，而产权结构改变对中部地区影响最大，分工深化和非国有经济比重提高对西部地区生产性服务业发

① 李江帆、朱胜勇：《“金砖四国”生产性服务业的水平、结构与影响》，《上海经济研究》，2008 年第 9 期。

展均有强有力的促进作用。[①] 刘永华（2009）认为，发展生产性服务业对产业转型升级具有举足轻重的作用，利用1995~2007年全国31个省市的面板数据，对工业化程度、市场发育程度、社会需求、城市化水平等因素与生产性服务业的发展进行了实证研究。研究结果表明，工业化程度、市场发育程度、社会需求、城市化水平等是促进生产性服务业快速发展的关键因素。[②] 原毅军、刘浩、白楠（2009）在构建1997~2005年中国27个省市区生产性服务业面板数据的基础上，利用非参数Malmquist指数方法考察了中国生产性服务业全要素生产率的变化原因、地区差异与变动趋势，研究表明，中国生产性服务业仍表现为粗放型增长方式；全要素生产率呈现负增长，但下降的速度在逐年放缓；分析期内导致生产性服务业全要素生产率下降的原因不同，前期为技术进步，后期为技术效率；东部地区全要素生产率下降的速度要远低于中西部地区；相对而言，信息传输、计算机服务和软件业、租赁和商务服务业的全要素生产率较高。[③] 虞卓然（2009）利用因子分析方法来研究影响我国生产性服务业发展的关键因素，证明知识密集度、城市化水平以及资源利用集约化程度是影响生产性服务业发展的主要因素。[④]

第四节　生产性服务业与产业结构关系的研究方法

根据生产性服务业与产业结构理论方面的研究文献，研究方法从总体上可以分为两类，“广义地说，在结构变化的文献中存在着两种不同的方法。第一种方法试图使用经过选择的若干国家之间的横断面数

---

① 韩德超、张建华：《中国生产性服务业发展的影响因素研究》，《管理科学》，2008年第12期。
② 刘永华：《中国促进生产性服务业发展因素的实证研究》，《求索》，2009年第5期。
③ 原毅军、刘浩、白楠：《中国生产性服务业全要素生产率测度》，《中国软科学》，2009年第1期。
④ 虞卓然：《影响生产性服务业发展的因子分析》，《现代商业》，2009年第36期。

据和时间序列数据，从统计上确认经济增长与结构变化之间的某些普遍联系。第二种方法从一开始就集中研究在相似的起始条件与经济制度下的一批国家的历史经验，并且探索能够最好地说明所发生的结构变化过程的特殊理论”。①

从目前查找的文献来看，对于生产性服务业与产业结构关系的研究，从内容上看，理论原理研究少，主要应用实证研究的方法。实证统计分析方法是通过对历史数据和经验进行统计分析，概括出理论假说，然后进行推论并使结论接近于现实。该方法要求掌握大量的统计资料，在科学分类整理的基础上，做出经验总结，找出规律性的知识。库兹涅茨、钱纳里等的标准产业结构模型就是采用过实证分析方法建立理论假说的。从实证分析的数据类型看，主要有截面数据分析、时间序列数据分析。

从数据分析方法看，主要以统计分析、相关比较分析的研究方法为主，还有 AHP 分析法、因子分析法等。截面数据分析的研究方法是从某个时间点上研究生产性服务业结构的发展状况，比如某一年的生产性服务业的增长水平或生产性服务业内部各产业间的增加值比例、就业比例等。这种静态分析方法适用于短期而不适用于长期分析。程大中（2008）采用投入产出法并基于截面数据，对中国和 13 个 OECD 经济体的生产性服务业发展水平、部门结构及其影响进行了比较研究。研究结果发现，与 OECD 经济体相比，中国国民经济及其三次产业中的物质性投入消耗相对较大，而服务性投入（生产性服务）消耗相对较小；大多数 OECD 经济体生产性服务的将近 70%都投入到了服务业自身，而中国生产性服务的一半以上则投入到了第二产业；中国与 OECD 经济体的服务业及其分部门的影响力系数都较小，但后者的感应力系数高于中国，表明中国服务业的增长不仅不能对国民经济产生应有的带动作用，其本身受其他部门的需求拉动作用也不大。中国生

---

① 汪斌：《国际区域产业结构分析导论》，上海人民出版社 2001 年版。

产性服务业发展的差距不只是由经济发展阶段决定的，而是在很大程度上缘于社会诚信、体制机制和政策规制的约束。[①]尽管生产性服务业的产业结构是不断发展变化的，但是从某个时点去观察，其生产要素以及与其他产业间的比例是相对稳定的。因此，对揭示产业组成、发展水平以及产业间联系和比例关系具有较大的参考价值。

动态分析方法是利用时间序列数据来分析研究生产性服务业结构的发展状况，比如连续几十年的生产性服务业的增长水平或生产性服务业内部各产业间的增加值比例、就业比例等。研究生产性服务业与产业结构，常用的动态分析指标为产业结构变动指标、产业结构关联指标以及生产性服务业增加值指标。毕斗斗（2009）利用美国 1947~2002 年的相关数据进行实证研究，分析美国生产性服务业增加值比重与就业比重的变动趋势、生产性服务业内部行业结构变动趋势、生产性服务业与三次产业增加值互动关系。他总结出了美国生产服务业演变的一些基本规律，生产服务业在服务业内部的比重不断增加，生产服务业对于推动经济增长、吸纳就业发挥了重要的作用，生产服务业的推动经济增长的功能明显大于就业功能。生产服务业内部结构不断升级优化，主要表现为传统服务行业如交通、批发贸易、通信等呈现下降趋势，金融保险、房地产保持相对平稳发展态势，而新兴服务业和商务服务业成为越来越重要的核心力量。[②]生产性服务业或产业结构是一个动态系统，结构内部时时存在转换，是一个演进的过程，只是对生产性服务业或产业结构的组成、比重、联系状态和方式进行静态分析无法揭示出规律性的变化，还需要从长期的动态的视角来研究生产性服务业与产业结构之间的关系。

本书主要从时间维度上，主要使用动态分析方法，以多重视角来研究生产性服务业与中国产业结构的相互影响机制及其发展规律。

---

① 程大中：《中国生产性服务业的水平、结构及影响》，《经济研究》，2008 年第 1 期。
② 毕斗斗：《美国生产性服务业演变趋势的实证研究》，《经济问题探索》，2009 年第 7 期。

第三章　中国生产性服务业的分类与发展现状分析

生产性服务业是指直接或间接为生产过程提供中间服务的服务性产业，由许多行业组成。国内外学者与政府部门从不同的角度对生产性服务业进行了不同的分类。国内几种代表性的分类方法对于生产性服务业分类是否包含房地产业、科学研究和技术服务业也给出了完全不同的结论。根据目前的文献检索，尚没有发现这方面的专门论述。那么，中国的房地产业、科学研究和技术服务业是否应该归类于生产性服务业呢？中国生产性服务业应该如何分类呢？中国生产性服务业的发展现状如何呢？本章对此问题进行了实证分析。

第一节　中国生产性服务业分类问题的提出

生产性服务业主要提供中间需求性质的服务产品，其服务对象是面向生产企业而非最终消费者。我国关于生产性服务业分类的不同之处主要聚焦在两点：一是生产性服务业是否应该包含房地产业；二是科学研究和技术服务业是否应该归类于生产性服务业。

将房地产业纳入生产性服务业中的分类方法主要有中国国家统计局 2003 年公布的《三次产业划分规定》产业划分目录。在目录中，生产性服务业主要包括以下六大类：交通运输；仓储和邮政服务业；房地产业；租赁和商务服务业；金融服务业；信息传输、计算机服务和软件业；科学研究和技术服务业。生产性服务业没有包含房地产业的官方分类方法主要有以下几种：①香港贸易发展局；②《国民经济行业分类》国家标准（GB/T4754—2002）；③2006 年发布的《“十一五”规划纲要》将房地产业列入消费性服务业；④温家宝总理将房地产业归类于面向民生的服务业，将研发纳入面向生产的服务业。温家宝总理在《2010 年政府工作报告》中明确指出“大力发展金融、物流、信息、研发、工业设计、商务、节能环保服务等面向生产的服务业，促进服务业与现代制造业的有机融合。大力发展市政公用事业、房地产和物业服务、社区服务等面向民生的服务业，加快发展旅游业，积极拓展新型服务领域”。

关于科技服务业，《三次产业划分规定》、《生产性服务业统计分类标准》以及《2010 政府工作报告》将其归类为生产性服务业，而《“十一五”规划纲要》没有将其归类为生产性服务业。对于科学研究和技术服务业是否应该归类于生产性服务业，给出了不同的判断。那么，中国生产性服务业应如何分类呢？下面通过定量分析对此展开论述。

第二节　研究方法与数据来源

本书的数据来源于中经网数据库的《中国房地产开发年鉴》、“2002 年中国投入产出表”。统计分析软件为 SPSS Statistics，全称为 Statistical Program for Social Sciences，即社会科学统计程序。该软件是业内公认的优秀统计分析软件包，本章主要使用了其多元线性回归分析功能。

运用定量研究，以及多元线性回归分析的方法，从投资结构、消费结构和中间需求率的综合视角来实证分析房地产业、科学研究及综合技术服务业的生产性服务特征，是本书的一个新尝试。另外，对于生产性服务业采用了定性与定量相结合的综合约束条件的定义方法，也是本书首次提出的。

第三节 科学研究和综合技术服务业的生产性服务特征分析

一、基于中间需求率的生产性服务业定义

在理论内涵上，生产性服务业是指市场化的非最终消费服务，即作为其他产品或服务生产的中间投入的服务。[①]

从中间需求率指标角度看，生产性服务业主要有两类定义方法：①李冠霖（2002）利用中国1997年的投入产出表，把中间需求率大于50%的第三产业定义为生产性服务业，中间需求率小于50%的第三产业定义为消费性服务业。[②] ②Goodman（2002）利用美国2000年的投入产出表，把中间需求率大于60%的第三产业定义为生产性服务业，小于60%并大于40%的第三产业定义为混合性服务业，小于40%的第三产业定义为消费性服务业。[③]

判断一个产业是否属于生产性服务业的定义标准，应该结合以下两个约束条件来综合考虑：①该产业是直接或间接为生产过程提供中间服务的服务性产业，服务对象面向生产企业而非最终消费者。这是

① 程大中：《生产者服务论》，文汇出版社2006年版。

② 李冠霖：《第三产业投入产出分析》，中国物价出版社2002年版。

③ Goodman，Steadman. "Services：Business Demand Rivals Consumer Demand in Driving Growth"，*Monthly Labor Review*，2002，125（4）.

生产性服务业的基本内涵，也是定性研究的基础。②该产业的中间需求率大于40%。这是生产性服务业的基本量化表现，也是定量分析的主要指标。

二、中间需求率

中间需求率（h_i）是指国民经济第i产业对某产品的中间需求量（$\sum X_{ij}$）与该产品的总需求量（中间需求量$\sum X_{ij}$与最终需求量Y_i之和）的比值，即某一产业的中间需求与总需求的比例，计算公式为：

$$h_i = \frac{\sum_{j=1}^{n} x_{ij}}{\sum_{j=1}^{n} x_{ij} + Y_i} \quad (i=1, 2, \cdots, n) \tag{3-1}$$

根据2002年中国投入产出表的数据，运用以上计算公式，可以得出中国第三产业的各个行业的中间需求率，数据结果如表3-1所示。

表3-1　中国服务业中间需求率一览表

序号	产业名称	中间需求率
1	金融保险业	80.77%
2	租赁和商务服务业	77.32%
3	信息传输、计算机服务和软件业	75.95%
4	交通运输及仓储业	74.87%
5	批发和零售贸易业	61.85%
6	邮政业	60.12%
7	住宿和餐饮业	48.27%
8	综合技术服务业	43.69%
9	文化、体育和娱乐业	35.16%
10	其他社会服务业	32.13%
11	房地产业	28.28%
12	旅游业	21.21%
13	科学研究事业	21.06%
14	卫生、社会保障和社会福利事业	7.42%
15	教育事业	6.67%
16	公共管理和社会组织	0.00%

资料来源：根据2002年中国投入产出表计算得出。

根据以上中间需求率的数据，可以发现：①中间需求率高于60%的有：金融保险业的中间需求率为80.77%，租赁和商务服务业的中间需求率为77.32%，交通运输业及仓储业的中间需求率为74.87%，信息传输、计算机服务和软件业的中间需求率为75.95%，邮政业的中间需求率为60.12%，批发和零售贸易业的中间需求率为61.85%。②中间需求率低于60%并高于40%的有：综合技术服务业的中间需求率为43.69%，住宿和餐饮业的中间需求率为48.27%。③中间需求率低于40%的有：科学研究事业的中间需求率为21.06%，房地产业的中间需求率为28.28%，教育事业的中间需求率为6.67%，等等。

三、结果分析

结合生产性服务业判断标准的两个约束条件，可以得出以下判断：

（1）综合技术服务业的中间需求率为43.69%，符合中间需求率大于40%的约束条件，并且是为生产过程提供中间服务的服务业，因此应该归类于生产性服务业。

（2）科学研究事业的中间需求率为21.06%，考虑到投入产出表中，科学研究事业的居民消费为零、全部为政府消费，即提供中间服务而非直接为最终消费者服务，与生产性服务业的基本内涵特征吻合，不属于消费性服务业，因此科学研究事业应该纳入生产性服务业。

（3）批发和零售贸易业中间需求率为61.85%，但考虑到其主要服务对象是最终消费者而非生产过程的中间需求者，不符合生产性服务业的基本内涵特征，所以不能纳入生产性服务业。

综上所述，中国的科学研究和技术服务业应该归类于生产性服务业。

第四节　中国房地产业的生产性服务特征分析

下面用定量研究的方法，从房地产业的投资结构（投资完成额构成）、消费结构（销售面积构成）以及中间需求率指标的视角来分析房地产业的生产性服务特征，以此来判断中国房地产业是否应该归类为生产性服务业。

一、投资结构的视角

根据中经网数据库 1997~2008 年中国房地产企业投资当年完成额的有关数据，对中国房地产业 1997~2008 年当年投资完成额占比的结构进行分析，数据如表 3–2 所示。从中国房地产业年度投资完成额的视角来看，发现住宅业的投资比重从 1997 年的 48.53%提高到 2008 年的 72.21%，住宅投资一直占据房地产业投资的主要地位，呈现逐年上升趋势，而办公楼和商业营业用房的投资比重则呈现下降趋势。

表 3–2　中国房地产开发企业投资当年完成额的组成结构（按用途分）

单位：%

年份	本年完成投资额（亿元）	住宅	别墅高档公寓	经济适用房	办公楼	商业营业用房	其他
1997	3178.370	48.43	4.92	5.84	12.24	13.40	25.93
1998	3614.229	57.59	5.03	7.49	12.00	13.17	17.24
1999	4103.202	64.30	4.35	10.65	8.25	11.80	15.64
2000	4984.053	66.45	5.42	10.88	5.98	11.64	15.94
2001	6344.111	66.47	5.83	9.45	4.85	11.91	16.77
2002	7790.922	67.10	6.64	7.56	4.89	11.98	16.03
2003	10153.801	66.74	6.23	6.13	5.01	12.83	15.43
2004	13158.252	67.16	8.16	4.61	4.96	13.10	14.78
2005	15909.247	68.27	6.60	3.26	4.80	12.82	14.12
2006	19422.917	70.22	7.44	3.59	4.78	12.12	12.88

续表

年份	本年完成投资额（亿元）	住宅	别墅高档公寓	经济适用房	办公楼	商业营业用房	其他
2007	25288.837	71.20	7.15	3.25	4.09	11.02	13.69
2008	30579.800	72.21	—	3.21	3.64	10.47	13.69

资料来源：根据中经网数据库的有关数据计算而得。

下面使用多元线性回归方法构建中国房地产业投资结构模型来进行分析。线性回归分析是基于最小二乘法原理产生的古典统计假设下的统计分析方法，用来分析一个或多个自变量与一个因变量之间的关系。如果引入回归分析的自变量有两个以上，那么就是多元线性回归分析，一般的数学模型为：

$$Y_i = \beta_0 + \beta_1 X_{i1} + \cdots + \beta_p X_{p1} + \varepsilon \quad (i = 1, 2, \cdots, n) \tag{3-2}$$

假设房地产企业年度投资完成额为 Yinv，住宅投资完成额为 Xinv1，别墅高档公寓完成额为 Xinv2，经济适用房完成额为 Xinv3，办公楼投资完成额为 Xinv4，商业经营用房完成额为 Xinv5，其他为 Xinv6。通过统计分析软件 SPSS 17.0，将以上数据进行线性回归分析，发现变量 Xinv2、Xinv3 的 t 值太小，没有通过 t 值显著性水平检验。这说明这两个自变量对于因变量的影响不显著，没有必要将其放入回归模型，剔除后再次进行回归运算，得到以下结果：

表 3-3　房地产业投资模型回归系数[a]

模型		非标准化系数		标准系数	t	Sig.
		B	标准误差			
1	（常量）	-1.196E-7	0.000	—	—	—
	Xinv1	1.000	0.000	0.735	—	—
	Xinv4	1.000	0.000	0.033	—	—
	Xinv5	1.000	0.000	0.108	—	—
	Xinv6	1.000	0.000	0.128	—	—

a. 因变量：Yinv

根据以上数据，可以得出中国房地产业投资结构模型：

$$X \rightarrow Y \Leftrightarrow \sigma^2(y_t/y_{t-h},\ h>0) > \sigma^2(y_t/y_{t-h},\ x_{t-h},\ h>0) \tag{3-3}$$

根据以上投资结构的回归方程，可以看出住宅投资的回归系数为 0.735，大于商业营业用房投资和办公楼投资的回归系数 0.108 和

0.033，因此，从投资结构的视角看，中国房地产业的消费性服务特征占据主导地位，而生产性服务特征则处于附属地位。

二、消费结构的视角

通过查阅中经网统计数据库 1997~2008 年中国房地产业的商品房实际销售面积，根据有关数据对中国房地产业的结构进行分析，数据如表 3–4 所示。数据结果显示，目前中国的房地产业从销售面积方面看主要以住宅为主，住宅占中国商品房销售面积的 90%左右，从 1997 年的 87.28%到 2008 年的 90.01%，一直占据绝对主导地位并呈现上升趋势；而办公楼和商业营业用房仅占房屋销售面积的 9%左右。这一点是与发达国家有明显区别的。

表 3–4　中国商品房屋实际销售面积的组成结构（按用途分）

单位：%

年份	房屋销售面积（万平方米）	住宅	别墅高档公寓	经济适用房	办公楼	商业营业用房	其他
1997	9010.17	87.28	3.23	13.45	3.79	7.04	1.89
1998	12185.3	88.85	3.19	13.68	3.29	6.65	1.20
1999	14556.53	89.29	3.35	18.56	2.77	6.89	1.04
2000	18637.13	88.91	3.87	20.18	2.34	7.51	1.24
2001	22411.9	88.97	4.40	17.94	2.24	7.57	1.22
2002	26808.29	88.41	5.24	14.93	2.01	8.28	1.30
2003	33717.63	88.32	4.87	11.92	1.87	8.40	1.41
2004	38231.6	88.46	6.87	8.53	1.81	8.11	1.62
2005	55486.2	89.37	5.68	5.78	1.98	7.36	1.30
2006	61857.1	89.60	6.63	5.39	1.99	7.01	1.40
2007	77354.7	90.67	6.53	4.53	1.89	6.00	1.43
2008	62088.9	90.01	—	—	—	—	—

资料来源：根据中经网数据库的有关数据计算而得。

下面使用多元线性回归方法构建中国房地产业消费结构模型来进行分析。假设房地产企业年度销售面积为 Ys，住宅销售面积为 Xs1，别墅及高档公寓销售面积为 Xs2，经济适用房销售面积为 Xs3，办公楼

销售面积为 Xs4，商业经营用房销售面积为 Xs5，其他房屋销售面积为 Xs6。通过统计分析软件 SPSS 17.0，将以上数据进行线性回归分析，发现变量 Xs2、Xs3 的 t 值太小，没有通过 t 值显著性水平检验。说明这两个自变量对于因变量的影响不显著，没必要将其放入回归模型，剔除后再次进行回归运算，计算结果如表 3-5 所示。

表 3-5 中国房地产业消费模型回归系数 [a]

模型		非标准化系数		标准系数	t	Sig.
		B	标准误差			
1	（常量）	-0.116	0.040	—	-2.886	0.028
	Xs1	1.000	0.000	0.905	137534.776	0.000
	Xs4	1.001	0.000	0.017	4506.616	0.000
	Xs5	1.000	0.000	0.065	31366.105	0.000
	Xs6	1.000	0.000	0.014	5006.100	0.000

a. 因变量： Ys

根据以上计算数据，可以得出中国房地产业消费结构模型：

$$Ys = 0.905Xs1 + 0.017Xs4 + 0.065Xs5 + 0.014Xs6 \quad (3-4)$$

根据以上房地产消费结构的回归方程，我们可以看出住宅销售面积的回归系数为 0.905，远远大于商业营业用房投资和办公楼投资的回归系数 0.065 和 0.017。由此可以判断：从消费结构的视角看，中国房地产业的消费性特征占绝对主导地位，而生产性服务特征则处于很次要的地位。

三、中间需求率的视角

根据中国服务业中间需求率的计算数据表（见表 3-1），可以看出中国房地产业的中间需求率仅为 28.28%；另外，投入产出表的数据显示，房地产业的政府消费为零，其余为居民消费。因此，从中间需求率分类的角度和生产性服务业基本内涵的两个约束条件综合判断，中国房地产业在现阶段还不具备生产性服务业的基本特征。

四、原因分析

中国房地产业的生产性服务特征不明显，原因可能有以下三个方面：①中国房地产业的专业化分工不足，由于产业价值链没有细分，基本上由房地产公司内部完成，没有形成完善的一级土地市场、二级土地市场、房地产投资、房地产开发、房地产建设、房地产销售经纪、物业管理等细分产业市场，专业化分工没有得到有效发展，导致房地产业的中间需求率低。②中国目前处于工业化加速发展阶段，城市化发展进程尚没有完成，导致中国的房地产业结构中，以住宅等个人消费占主要比例，而像商业营业用房等属于生产性服务业范畴的行业尚处于起步阶段。③中国的商业经营和工业房地产市场尚未得到有效发展，表现为中国房地产业的产业结构严重失衡，住宅消费性特征占绝对主导地位，而商业经营和工业房地产的比重不足。

联合国标准产业分类和美国统计局的分类法将房地产业纳入生产性服务业，其中包括房地产开发、物业管理、房地产经纪三个分类。但是通过以上的数据分析可以发现，中国的房地产业在现阶段还不适宜归类于生产性服务业。

从 1997 年以来，中国房地产业迅速发展，开发模式主要借鉴了中国香港房地产开发模式，即融资、土地购买、开发设计、建造、销售、物业管理等均由房地产开发公司全程完成。这种开发模式对于中国房地产业近年来的快速发展发挥了重要作用。随着经济形势的发展变化，这种模式的弊端开始显现，表现为一些地区房价涨速过快和房地产企业利润率偏高，加大了社会收入分配结构的失衡，而且对于国民经济结构的风险管理也构成影响。当前，提高我国房地产业中间需求率，有必要加快房地产企业的专业化分工，将房地产开发的产业价值链细化，形成较为完善的房地产投资、土地开发、房产开发、房产建设、房产销售经纪、物业管理、房产租赁等细分产业市场，这将有利于提高市场的资源配置效率。政府应该加快房地产业的产业结构调整，深化细化专业化分工，建立更有利于科学发展的具有中国特色的房地产开发模式。

第五节 中国生产性服务业的发展现状分析

世界发达国家的服务业已经取代制造业成为经济的重心，金融、信息、物流、商务等生产性服务业的增加值占国内生产总值的比重平均占到了 1/3 左右。生产性服务业已经成为经济中增长幅度最快、吸纳劳动就业最多的产业，“生产服务是服务部门中最大的组成部分，也是增长最快的组成部分”。数据显示，英国 1992~2002 年生产性服务业占 GDP 的比重呈现逐年上升趋势，从 1992 年的 25.9%、1997 年的 29.6%一直上升至 2002 年的 32.9%；美国的生产性服务业占 GDP 的比重，从 1950 年的 20.65%、1960 年的 21.97%、1970 年的 23.49%、1980 年的 26.59%、1990 年的 26.85%一直上升至 1997 年的 27.52%。[①]

一、中国服务业结构现状

近年来中国服务业快速发展，2008 年中国服务业增加值达到 120486 亿元，占国内生产总值的比重为 40.1%，产业增加值增量与国内生产总值增量之比为 42.9%，为国内生产总值增加值的拉动贡献了 5.5 个百分点。2007 年国务院《关于加快发展服务业的若干意见》提出，到 2020 年，基本实现经济结构向以服务经济为主的转变，服务业增加值占国内生产总值的比重超过 50%，服务业结构显著优化，就业

① 毕斗斗：《美国生产性服务业演变趋势的实证研究》，《经济问题探索》，2009 年第 7 期。

容量显著增加。国家统计局 2003 年调整了统计口径，根据《中国统计年鉴 2009》可以计算出 2004~2007 年中国三次产业内部各行业增加值构成，详细数据如表 3-6 所示。

表 3-6 中国三次产业内部各行业增加值结构（2004~2007 年）

单位：%

行　业	2004 年	2005 年	2006 年	2007 年
总计（亿元）	159878	183217	211923	257306
第一产业	13.39	12.24	11.34	11.13
农林牧渔业	13.3	12.24	11.34	11.13
第二产业	46.23	47.68	48.68	48.50
工业	40.70	42.15	43.09	42.96
采矿业	4.77	5.63	5.70	5.23
制造业	32.30	32.81	33.60	33.99
电力燃气及水的生产和供应业	3.65	3.71	3.78	3.73
建筑业	5.44	5.53	5.59	5.54
第三产业	40.38	40.08	39.98	40.37
交通运输、仓储和邮政业	5.82	5.91	5.89	5.75
信息传输、计算机服务和软件业	2.65	2.60	2.51	2.33
批发和零售业	7.79	7.39	7.30	7.33
住宿和餐饮业	2.29	2.29	2.26	2.16
金融业	3.37	3.44	4.01	5.18
房地产业	4.49	4.50	4.56	4.77
租赁和商务服务业	1.64	1.59	1.55	1.47
科学研究技术服务和地质勘查业	1.10	1.12	1.14	1.14
水利、环境和公共设施管理业	0.48	0.46	0.45	0.43
居民服务和其他服务业	1.55	1.71	1.67	1.55
教育	3.06	3.09	2.92	2.83
卫生、社会保障和社会福利业	1.64	1.60	1.51	1.48
文化、体育和娱乐业	0.65	0.65	0.63	0.59
公共管理和社会组织	3.84	3.73	3.59	3.36

资料来源：根据《中国统计年鉴 2009》有关数据计算得出。

根据表 3-6 中的数据显示，中国生产性服务业的内部结构呈现出不同的变化态势。金融业占国内生产总值的比重由 2004 年的 3.37%逐年上升至 2007 年的 5.18%，科学研究技术服务和地质勘查业占国内生产总值的比重由 2004 年的 1.10%逐年上升至 2007 年的 1.14%；但是，交通运输、仓储和邮政业占国内生产总值的比重由 2004 年的 5.82%波动下降至 2007 年的 5.75%。信息传输、计算机服务和软件业占国内生产总值的比重由 2004 年的 2.65%逐年下降至 2007 年的 2.33%，租赁和商务服务业占国内生产总值的比重由 2004 年的 1.64%逐年下降至 2007 年的 1.47%。

二、生产性服务业结构分析

关于服务业的分类，A.Katouzian（1970）将服务业归为三类：传统服务业、新兴服务业与补充性服务业；Browning 和 Signalman（1975）将服务业分为分配性服务业、生产性服务业、消费性服务业及非营利性的公共服务业四类；[①] Grubel 和 Walker（1989 依据需求和产出的决定因素不同而将服务业分为：消费者服务、政府服务、生产者服务三类。消费者服务是指用于最终消费支出的消耗性服务，如餐饮、娱乐、个人及家庭服务等；政府服务是指发生在公共教育、医疗、福利、国防、司法及其他政府系统的消耗性服务；生产者服务，也称作中间投入服务，它不是被消费者所购买或为政府提供的服务，而是包括会计、金融、广告、保安、仓储等内容的专业服务、企业服务。根据 Grubel 和 Walker 的服务业分类方法，将中国生产性服务业分为：交通运输仓储和物流业，信息传输计算机服务和软件业，金融业，租赁和商务服务业，科学研究技术服务和地质勘查业。消费性服务业分为：批发和零售业、住宿和餐饮业、房地产业、居民服务和其他服务业。公共服务业分为：水利、环境和公共设施管理业、教育卫生、社会保障和社会福利业、文化、体育和娱乐业、公共管理和社会组织。

依据表 3-6 数据可以计算出，中国的生产性服务业（包括交通运输、仓储和物流业，信息传输、计算机服务和软件业，金融业，租赁

---

① Browning C，Singelman J. "The Emergence of a Service Society"，*Springfield*，1975.

和商务服务业，科学研究技术服务和地质勘查业）占国内生产总值的比重由 2004 年的 14.58%上升至 2007 年的 15.87%，呈现出上升趋势；而消费性服务业（包括批发和零售业、住宿和餐饮业、房地产业、居民服务和其他服务业）占国内生产总值的比重由 2004 年的 16.12%下降至 2007 年 15.81%，公共服务业（包括水利、环境和公共设施管理业、教育卫生、社会保障和社会福利业、文化、体育和娱乐业、公共管理和社会组织）占国内生产总值的比重由 2004 年的 9.67%下降至 2007 年的 8.69%，呈现逐年下降态势，如表 3–7 所示。

表 3–7　生产性服务业增加值占中国国内生产总值的比重（2004~2007 年）

单位：%

产业类别	2004 年	2005 年	2006 年	2007 年
生产性服务业	14.58	14.66	15.10	15.87
消费性服务业	16.12	15.89	15.79	15.81
公共服务业	9.67	9.53	9.10	8.69

资料来源：根据《中国统计年鉴 2009》有关数据计算得出。

根据计算，可以发现：中国生产性服务业占服务业的比重，从 2004 年的 36.11%上升至 2007 年的 39.31%，而消费性服务业占服务业的比重从 2004 年的 39.93%微降至 2007 年的 39.16%，公共服务业占服务业的比重从 2004 年的 23.95%下降至 2007 年的 21.53%（详见表 3–8）。

表 3–8　生产性服务业占中国服务业增加值的比重（2004~2007 年）

单位：%

产业类别	2004 年	2005 年	2006 年	2007 年
生产性服务业	36.11	36.58	37.77	39.31
消费性服务业	39.93	39.65	39.49	39.16
公共服务业	23.95	23.78	22.76	21.53

资料来源：根据《中国统计年鉴 2009》有关数据计算得出。

总之，根据以上生产性服务业占中国国内生产总值的比重以及服务业增加值比重的数据，可以发现：中国服务业内部结构的演变，初步显现出生产性服务业上升、消费性服务业微下调、公共服务业下降的态势。

第六节　本章结论

根据对中国服务业中间需求率的定量研究，分析了科学研究和综合技术服务业的中间需求率，结合生产性服务业的综合定义标准，判断科学研究和综合技术服务业应该纳入生产性服务业；根据从中国房地产业的投资结构、消费结构以及服务业中间需求率的多种视角对中国房地产业的生产性服务特征进行了实证分析，初步可以得出判断以下：现阶段的中国房地产业的生产性服务特征还不明显，目前不适合归类于生产性服务业，更适合归类于消费性服务业。

综上所述，得出以下三个结论：①现阶段的中国生产性服务业更适合包含以下产业：交通运输、仓储和邮政服务业；租赁和商务服务业；金融服务业；信息传输、计算机服务和软件业；科学研究和技术服务业。②通过对近年来中国服务业内部行业增加值结构的数据分析，发现中国服务业内部结构初步显现出生产性服务业上升、消费性服务业微下调、公共服务业下降的发展态势。③从增加值结构看，中国生产性服务业内部结构发展趋势近年来出现了分化，金融业、科学研究技术服务和与地质勘查业的比重上升，但是租赁和商务服务业、信息传输、计算机服务和软件业、交通运输、仓储和邮政业则呈现比重下降的发展态势。

第四章　生产性服务业与产业结构合理化的关系分析

在经济全球化的背景下，国际经济竞争呈现新的发展态势，如何促进产业结构的优化升级，加快经济发展方式的转化，是中国当前面临的重要课题。产业结构优化是指通过产业政策调整实现资源优化配置与再配置，推动产业结构高度化和合理化发展的过程。[①] 关于生产性服务业与产业结构优化关系的研究观点，大多数认为发展生产性服务业可以促进产业结构的优化升级，但是长期以来这方面的研究基本上为定性研究，能够检索到的定量分析成果很少。如果我国经济面临发展生产性服务业和产业结构优化的政策选择时，如何处理这两者之间的关系是一个重要的课题。本书就生产性服务业与产业结构合理化的关系进行定量分析，通过实证分析的方法得出结论。或许这是该领域的一个新尝试。

第一节　假设提出

产业结构是整个国民经济中全部经济资源在各产业的配置结构，即国民经济各产业部门、行业及其内部之间的依存和制约的比例关系。

---

① 黄海标、李军：《产业结构优化升级评价指标体系构建》，《商业时代》，2008 年第 3 期。

在一国的经济发展中，无论是促进经济的增长和提高效益，还是优化产业结构，这都是一个重要的课题。

产业结构优化过程包括产业结构高度化和产业结构合理化。产业结构高度化是指产业结构从低层次向高层次演进的过程；产业结构合理化是指调整资源在各产业部门之间的合理配置，促进国民经济各产业间的协调发展的过程。产业结构是各产业部门之间以及各产业部门内部的构成，是在一般分工和特殊分工的基础上产生和发展起来的。关于产业结构的研究，主要集中在研究农业、轻工业、重工业、建筑业、商业服务业等部门之间的关系，以及各产业部门的内部关系。影响产业结构的因素可汇总为以下四类：①需求结构，包括中间需求与最终需求的比例、社会消费水平和结构、消费和投资的比例、投资水平与结构等；②资源供给结构，有劳动力和资本的拥有状况和它们之间的相对价格、一国自然资源的禀赋状况等；③科学技术结构，包括科技水平和科技创新发展的能力、速度，以及创新方向等；④国际经济关系结构，有进出口贸易、引进外国资本及技术因素等。[①]

生产性服务业是社会分工深化发展的必然结果，作为一种“市场化的非最终消费”，越来越多地进入工业生产领域，贯穿于产业价值链的各个环节，加快了技术创新的进程，降低了工业化、城市化进程的资源消耗，有效地提高了经济运行效率。国内外关于生产性服务业与产业结构合理化的研究，一般的观点认为：生产性服务业的发展对于促进产业结构优化升级、提升产业竞争力具有重要的作用。服务业在国民经济中的作用突出表现在它具有黏合剂功能，也正因为这一功能使之成为经济增长和效率提高的助推器、经济竞争力提升的牵引力、经济变革与经济全球化的催化剂。[②] 总体来看，这些研究的结论基本上都认为，生产性服务业的发展可以促进中国产业结构的优化升级，但

① 姜建明、佟家栋：《世界经济概论》，天津人民出版社 2007 年版。

② 程大中：《生产者服务论》，文汇出版社 2006 年版。

是关于生产性服务业与产业结构合理化关系的研究文献很少，目前还没有检索到这方面的用数据证明的定量研究。那么，生产性服务业与产业结构合理化之间是否存在相互关系呢？

根据以上所述，这里提出如下假设。假设 A：生产性服务业的发展可以导致产业结构合理化；假设 B：产业结构合理化可以导致生产性服务业的发展。下面对此假设进行验证研究。

第二节　研究方法

对于变量间的因果关系研究，一般采用格兰杰因果关系（Granger，1969）检验。[①] 它主要用于考察两变量之间在时间上的先导—滞后关系。以时间序列为例，如果利用过去的 X 和 Y 的值一起对 Y 进行预测比只用 Y 的过去值来进行预测所产生的预测误差更小的话，则认为 X 对 Y 具有格兰杰因果关系，反之，则认为 Y 对 X 具有格兰杰因果关系。由此可得：

$X \rightarrow Y \Leftrightarrow \sigma^2(y_t/y_{t-h},\ h>0) > \sigma^2(y_t/y_{t-h},\ x_{t-h},\ h>0)$。

对于两变量格兰杰因果关系的检验，Granger 采用如下检验模型：

$$y_t = a_{10} + \sum_{i=1}^{m} a_{1i} y_{t-i} + e_{1t} \tag{4-1}$$

$$y_t = a_{20} + \sum_{i=1}^{m} a_{2i} y_{t-i} + \sum_{i=1}^{m} b_{2j} x_{t-j} + e_{2t} \tag{4-2}$$

检验从 x_t 到 y_t 单向格兰杰因果关系，即是检验 b_{2j} 的零假设 $H_0: b_{2j}=0$ （$j=1, 2, \cdots, n$），检验统计量：

---

① Granger CWJ. "Investigating Causal Relations by Econometric Models and Gross Spectral Methods", *Econometric*, 1981 (9).

$$F=\frac{(ESS_1-ESS_2)/n}{ESS_1/[T-(m+n+1)]}\sim F_{[m,T-(m+n+1)]} \tag{4-3}$$

其中，ESS_1 和 ESS_2 分别为式（4–1）和式（4–2）通过最小二乘法回归得到的残差平方和，t 为时间序列 Y 的观测值总数。以 α 为置信度，若 $F<F_\alpha$，则拒绝 H_0，即 X 以 $1-\alpha$ 的概率对 Y 具有格兰杰因果关系；否则接受原假设，X 对 Y 不具有格兰杰因果关系。

格兰杰因果关系检验因其简单明了而得到广泛的应用。然而格兰杰因果关系检验只能检验两变量间长期的因果关系，而无法度量变量间的即时因果关系；对于存在双向因果关系的两变量，格兰杰因果关系检验无法估计并比较双向因果关系（又称为反馈，Feedback）的相对大小。为此，Geweke（1982）提出所谓的 Geweke 分解检验（Geweke Decomposition Test）来度量因果关系。他把变量 x 和 y 的因果关系（记为 $F_{X,Y}$）分解为 x 对 y 的因果关系（记为 $F_{X\to Y}$）、y 对 x 的因果关系（记为 $F_{Y\to X}$）以及 x 和 y 的即时因果关系（记为 $F_{X.Y}$），即为 $F_{X.Y}=F_{X\to Y}+F_{Y\to X}+F_{X.Y}$。对于时间序列 X 和 Y，Geweke（1982）提出如下规范表达式来检验两者间的因果关系：

$$X_t=\alpha_1+\sum_{i=1}^{p}\beta_iX_{t-i}+\varepsilon_{1t} \qquad Var(\varepsilon_{1t})=\sigma_{1t}^2 \tag{4-4}$$

$$X_t=\alpha_2+\sum_{i=1}^{p}\beta_iX_{t-i}+\sum_{j=0}^{q}\lambda_jY_{t-j}+\varepsilon_{2t} \qquad Var(\varepsilon_{2t})=\sigma_{2t}^2 \tag{4-5}$$

$$X_t=\alpha_2+\sum_{i=1}^{p}\beta_iX_{t-i}+\sum_{j=1}^{q}\lambda_jY_{t-j}+\varepsilon_{3t} \qquad Var(\varepsilon_{3t})=\sigma_{3t}^2 \tag{4-6}$$

$$Y_t=\alpha_1+\sum_{i=1}^{p}\beta_iY_{t-i}+\varepsilon_{4t} \qquad Var(\varepsilon_{4t})=\sigma_{4t}^2 \tag{4-7}$$

$$Y_t=\alpha_2+\sum_{i=1}^{p}\beta_iY_{t-i}+\sum_{j=0}^{q}\lambda_jX_{t-j}+\varepsilon_{5t} \qquad Var(\varepsilon_{5t})=\sigma_{5t}^2 \tag{4-8}$$

$$Y_t=\alpha_2+\sum_{i=1}^{p}\beta_iY_{t-i}+\sum_{j=1}^{q}\lambda_jX_{t-j}+\varepsilon_{6t} \qquad Var(\varepsilon_{6})=\sigma_{6t}^2 \tag{4-9}$$

其中，最佳滞后长度 p 和 q 可以运用赤池信息准则（Akaike

Information Criterion，AIC）加以确定，则 $F_{X\to Y}$、$F_{Y\to X}$、$F_{X.Y}$ 和 $F_{X,Y}$ 为零的原假设的最大似然检验值分别为：

$$F_{X\to Y}=\ln(\sigma_{4t}^2/\sigma_{6t}^2)\times n\sim\chi^2(d) \tag{4-10}$$

$$F_{Y\to X}=\ln(\sigma_{1t}^2/\sigma_{3t}^2)\times n\sim\chi^2(d) \tag{4-11}$$

$$F_{X.Y}=\begin{cases}\ln(\sigma_{3t}^2/\sigma_{2t}^2)\times n\\ \ln(\sigma_{6t}^2/\sigma_{5t}^2)\times n\end{cases}\sim\chi^2(1) \tag{4-12}$$

$$F_{X,Y}=F_{X\to Y}+F_{Y\to X}+F_{X.Y}\sim\chi^2(2d+1) \tag{4-13}$$

其中，n 为观测值的个数，d 为两配对模型自由度的差。

两件事情相关并不能说明之间存在因果关系。在计量经济学领域存在大量的相关性，而有些相关是虚假的或没有意义的，但有些相关的先后次序是很有意义的。统计意义上的因果关系是通过概率或者分布函数的角度体现出来的：在其他事件发生情况不变的条件下，如果一个事件 A 的发生与不发生对于另一个事件 B 的发生的概率有影响，并且这两个事件在时间上又有先后顺序，那么便可以说 A 是 B 的原因。格兰杰因果检验是检验统计上的时间先后顺序，并不一定表示存在真实的因果关系，是否呈因果关系需要根据理论、经验和模型等综合判定。

第三节　指标选取与数据来源

产业结构优化是指通过产业政策调整实现资源优化配置与再配置，推动产业结构高度化和合理化发展的过程。产业结构优化的目标是要实现产业结构的高度化和合理化，最终实现经济的持续快速增长。产业结构是经济结构的核心，产业结构的优化在很大程度上决定着经济结构的优化，比较好的产业结构效益有利于改善国家的经济增长、就业、收入分配等。

一、产业结构合理化指标

产业结构高度化是产业结构从较低级状态向高级状态转移的过程，涉及的评价范围较广。它主要表现为工业结构中霍夫曼比例的降低、技术密集型和智力信息型产业的比重增大、各产业部门技术构成的提高、新兴产业的成长、环保产业的扩大等。主要指标有：霍夫曼比例指标，用来反映工业内部产业结构演进的高度化程度；工业加工程度指标，用来反映工业化中由以原材料为重心转向以加工组装为重心的演进程度；基础产业超前系数，用来表示基础产业适度超前发展的程度；信息产业产值比重指标，反映信息产业占国内生产总值的比例；智力技术密集型集约化程度，反映由劳动资金密集型向技术密集型演进程度；新兴产业产值比重指标，反映电子信息等新兴产业和高新技术产业的生产总值占国内生产总值的比例；以及产业创新指标、产业开放度指标、产业成长度指标等。

产业结构合理性的本质在于资源在各产业的合理配置，合理、有效利用资源是测量产业结构合理性的主要标准，主要指标有：三次产业结构比例指标、产业水平满足率、产业有序度指标、产业关联性指标、产业可持续发展指标、产业结构协调化指标、资源投入指标等。[①] 关于产业结构优化的效益测度问题，可以把产业结构优化带来的附加价值溢出量、结构效益系数作为评价产业结构优化效益的指标。附加价值溢出量是指产业结构优化后带来产品和服务的高附加值与升级前附加值比较，工业的附加值特别是制造业的附加值占 GDP 份额的持续上升是最能体现一个国家工业化的基本特征的。产业的附加价值量与经济发展和产业结构优化的经济现象密切相关，能够直接说明产业结

---

① 黄海标、李军：《产业结构优化升级评价指标体系构建》，《商业时代》，2008 年第 3 期。

构优化效益。[①] 对于产业结构合理化的效益测度，这里把产业结构合理化产生的结构效益系数作为评价产业结构合理化的指标（记作 ISO）。

（1）三次产业结构效益系数。结构效益系数表明产业构成比例关系变动引起的效益变化，它反映总的投入产出关系，是观察产业结构是否合理的综合指标。[②] 为了从宏观上反映三次产业结构调整的效益测度，以及考虑数据的可获得性，本书采取三次产业结构效益系数指标，表示产业结构优化后的总效益，减去优化前的总效益，如果三次产业结构效益系数值上升，则说明产业结构调整使结构效益提高，即意味着产业结构趋于优化；如果三次产业结构效益系数值下降，则说明产业结构效益下降，产业结构不合理。产业结构效益系数计算公式是：

$$S=\sum_{i=1}^{n}\left[\frac{Y_i}{\sum_{i=1}^{n}Y_i}\cdot\frac{Y_i}{K_i\cdot L_i}\right]-\frac{Y_o}{K_0L_0} \tag{4-14}$$

式中，S 是结构效益指数，Y 为产值，K 为资本，L 为劳动者人数，n=3 代表三次产业。上式表示三次产业结构优化后的总效益，减去优化前的总效益，如果 S 值上升，说明产业结构调整使三次产业的结构效益提高，即意味着产业结构趋于优化；如果 S 值下降，说明三次产业的结构效益下降，即意味着产业结构不合理。

（2）数据来源。关于资本存量，由于在统计年鉴以及其他统计资料中均没找到这方面的数据，因此需要进行计算。资本存量的估计一直是个重要的研究课题，在估算历年资本存量时，基本思路可以归纳为三个步骤：①存量计算，即利用各种方法，来推算某一年份的资本存量；②各年的流量计算，即资本存量的净增加额；③在可比价格的前提下，在最初某年存量数据的基础上，逐年累计各年的流量数据，从而得到以后若干年份的资本存量。[③]

---

① 杨德勇、张宏艳：《产业结构研究导论》，知识产权出版社 2008 年版。

② 方甲：《产业结构问题研究》，中国人民大学出版社 1997 年版。

③ 何枫、陈林、何林：《我国资本存量估算及其相关分析》，《经济学家》2003 年版。

对全国资本存量的估计文献比较多，比较有代表性的研究有张军扩（1991）、贺菊煌（1992）、任若恩（1997）、王小鲁（2000）、何枫（2003）、李治国（2003）、张军（2004）、邱晓华（2006）等。对资本存量的估计多采用永续盘存法，但是在指标选择等方面缺乏一致性，所估算的结果也有较大出入。[①] 在这里，对于三次产业的资本存量数据，借鉴已有的研究成果，引用干春晖（2009）的研究成果。三次产业的增加值以及就业人数的相应数据，通过《中国统计年鉴 2009》可以查出，中国三次产业的增加值、资本存量与就业人数的具体数值如表 4–1 所示。

表 4–1 1978~2007 年中国三次产业的增加值、资本存量与就业人数

年份	第一产业增加值	第二产业增加值	第三产业增加值	国内生产总值(亿元)	第一产业资本存量	第二产业资本存量	第三产业资本存量	资本存量合计(亿元)	第一产业就业人数	第二产业就业人数	第三产业就业人数	就业人数合计(万人)
1978	1028	1745	872	3645	144	3450	2460	6054	28318	6945	4890	40153
1979	1270	1914	879	4063	173	3854	3036	7063	28634	7214	5177	41025
1980	1372	2192	982	4546	177	4020	3463	7660	29122	7707	5532	42361
1981	1559	2256	1077	4892	189	4338	4720	9248	29777	8003	5945	43725
1982	1777	2383	1163	5323	200	4365	5131	9695	30859	8346	6090	45295
1983	1978	2646	1338	5963	216	4606	5598	10420	31151	8679	6606	46436
1984	2316	3106	1786	7208	217	4618	5702	10537	30868	9590	7739	48197
1985	2564	3867	2585	9016	218	4907	5867	10991	31130	10384	8359	49873
1986	2789	4493	2994	10275	222	5467	5949	11638	31254	11216	8811	51281
1987	3233	5252	3574	12059	225	6423	6082	12730	31663	11726	9395	52784
1988	3865	6587	4590	15043	238	7357	6965	14560	32249	12152	9933	54334
1989	4266	7278	5448	16992	241	8753	7764	16758	33225	11976	10129	55330
1990	5062	7717	5888	18668	247	8972	7850	17070	38914	13856	11979	64749
1991	5342	9102	7337	21781	266	9259	8640	18165	39098	14015	12378	65491
1992	5867	11700	9357	26923	291	9702	9253	19245	38699	14355	13098	66152
1993	6964	16454	11916	35334	293	9708	9880	19880	37680	14965	14163	66808
1994	9573	22445	16180	48198	302	9814	10826	20941	36628	15312	15515	67455
1995	12136	28679	19978	60794	309	10848	12389	23545	35530	15655	16880	68065

① 干春晖、郑若谷：《改革开放以来产业结构演进与生产率增长研究》，《中国工业经济》，2009 年第 2 期。

续表

年份	第一产业增加值	第二产业增加值	第三产业增加值	国内生产总值(亿元)	第一产业资本存量	第二产业资本存量	第三产业资本存量	资本存量合计(亿元)	第一产业就业人数	第二产业就业人数	第三产业就业人数	就业人数合计(万人)
1996	14015	33835	23326	71177	350	11182	13310	24842	34820	16203	17927	68950
1997	14442	37543	26988	78973	374	11206	15476	27056	34840	16547	18432	69819
1998	14818	39004	30580	84402	394	11222	16663	28279	35177	16600	18860	70637
1999	14770	41034	33873	89677	443	11885	18995	31324	35768	16421	19205	71394
2000	14945	45556	38714	99215	499	11989	19677	32166	36043	16219	19823	72085
2001	15781	49512	44362	109655	517	12040	20561	33119	36513	16284	20228	73025
2002	16537	53897	49899	120333	630	12144	21658	34431	36870	15780	21090	73740
2003	17382	62436	56005	135823	631	13419	21744	35794	36546	16077	21809	74432
2004	21413	73904	64561	159878	668	13851	21986	36504	35269	16920	23011	75200
2005	22420	87365	73433	183217	676	16218	23610	40505	33970	18084	23771	75825
2006	24040	103162	84721	211923	699	19762	23815	44277	32561	19225	24614	76400
2007	28095	121381	100054	249530	803	23179	25401	49382	31444	20629	24917	76990

（3）运算结果。将 1978~2007 年的中国三次产业增加值、三次产业资本存量、三次产业就业人数代入模型进行计算，可以得出 1978~2007 年中国三次产业结构调整的效益系数。将数据用折线图显示可以直观看出中国产业结构合理化水平的发展趋势。1978~2007 年的中国三次产业结构效益系数的发展趋势如图 4-1 所示。

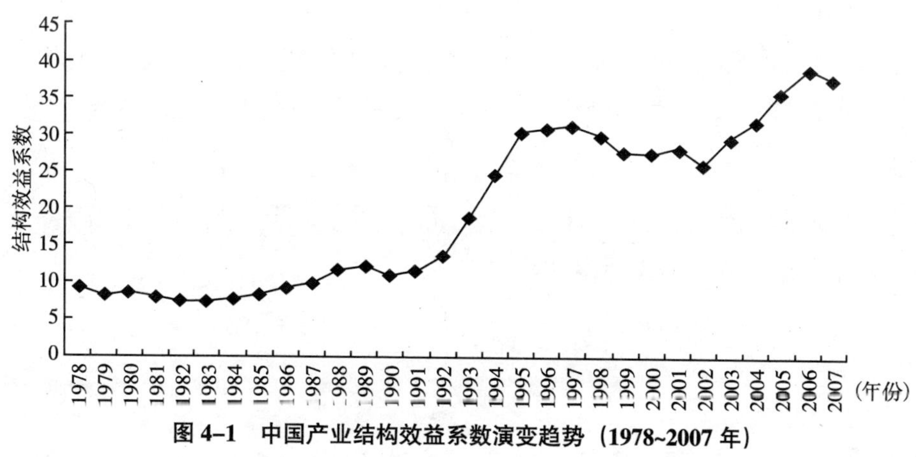

图 4-1　中国产业结构效益系数演变趋势（1978~2007 年）

图 4–1 显示，从 1978 年到 2007 年的 30 年，中国三次产业结构调整的效益系数经历了三次上升波：第一次是 1983~1989 年，第二次是 1990~1997 年，第三次是 2002~2006 年，说明在这三段时期内中国的产业结构趋于合理化。另外，1997~2002 年有一段比较长的调整时期，说明这五年内中国的产业结构调整的结构效益系数不太理想。

二、生产性服务业发展指标

生产性服务业是直接或间接为生产过程提供中间服务的服务性产业，并且其产业中间需求率大于 40%。本章采用生产性服务业增加值（PSG）作为生产性服务业的发展指标。2003 年中国修订了《国民经济行业分类》，其中部分修改和调整的内容涉及生产性服务业，修订前后的行业分类有所不同。由于我国统计年鉴中的统计口径不同，2004 年以前没有生产性服务业的统计数据。考虑到数据的可得性，结合行业性质以及各行业在经济运行中所发挥的作用，数据采集方法可以采用两种方法：

（1）基于其他间接研究成果进行计算。可以参考其他学者的间接研究成果，通过公式计算，得出生产性服务业的增加值数据。生产性服务业增加值采用 Momigliano 和 Siniscalso 的计算方法，将服务业中用于中间需求的部分定义为生产性服务业。[①] 根据投入产出表，将第三产业增加值乘以第三产业中间需求率而得。中间需求率是根据我国 1987~2002 年投入产出表计算整理而得。[②] 参考检索到的 1987~2006 年生产性服务业占国内生产总值的比重，根据统计年鉴，计算出生产性服务业的增加值，数据如表 4–2 所示。

① 陈凯：《英国生产服务业发展现状分析》，《世界经济研究》，2006 年第 1 期。

② 高楠、陈伟达：《基于 BP 神经网络生产者服务业增加值比重发展趋势研究》，《中国科技论文》，2006 年。

表 4-2 1987~2006 年中国生产性服务业增加值

年份	国内生产总值（亿元）	生产者服务业增加值占 GDP 比重（%）	生产者服务业增加值（亿元）
1987	12058.6	11.43	1378.12
1988	15042.8	11.77	1770.00
1989	16992.3	12.36	2100.89
1990	18667.8	13.17	2458.42
1991	21781.5	14.06	3063.24
1992	26923.5	19.55	5264.46
1993	35333.9	18.97	6703.79
1994	48197.9	18.89	9102.75
1995	60793.7	15.31	9309.95
1996	71176.6	15.27	10870.02
1997	78973.0	17.80	14060.83
1998	84402.3	18.88	15932.45
1999	89677.1	19.68	17648.09
2000	99214.6	21.01	20843.60
2001	109655.2	21.78	23884.33
2002	120332.7	18.02	21679.50
2003	135822.8	17.95	24385.63
2004	159878.3	17.12	27369.57
2005	183217.4	17.16	31439.56
2006	211923.5	17.02	36065.78

资料来源：根据有关研究成果和中国统计年鉴（1988~2007 年）计算而来。

（2）基于中国统计年鉴进行计算。因子分析法是用少数几个因子去研究多个原始指标之间关系的一种多元统计分析方法。根据上文的研究结果，现阶段的中国生产性服务业适合划分为：交通运输、仓储和邮政服务业、租赁和商务服务业、金融服务业、信息传输、计算机服务和软件业、科学研究和技术服务业。

根据《中国统计年鉴 2008》，可以查找到 2004~2007 年的生产性服务业分行业的就业人数数据。下面通过因子分析的方法，应用统计分析软件 SPSS 进行主成分分析，结果如表 4-3 所示。

根据计算结果，第一个因子的特征值为 4.230，大约占去方差的 84.605%，基于过程内定去特征值大于 1 规则，Factor 过程提取了前 1

表 4-3 生产性服务业分行业就业人数因子分析解释的总方差

成份	初始特征值			提取平方和载入		
	合计	方差的 %	累积 %	合计	方差的 %	累积 %
X_1	4.230	84.605	84.605	4.230	84.605	84.605
X_2	0.745	14.904	99.509			
X_3	0.019	0.387	99.896			
X_4	0.005	0.104	100.000			
X_5	6.082E-18	1.216E-16	100.000			

提取方法：主成分分析。

个因子，说明第一个因子提供了原始数据的足够信息。

依据国家统计局发布的《中国统计年鉴 2009》，在 2~11 分行业增加值的统计表中，可以找到 2004 年、2005 年、2006 年、2007 年的第三产业分行业增加值，其中包括生产性服务业的六个产业，根据计算结果，交通运输、仓储与邮政业、金融业的增加值之和，分别约占 2004 年、2005 年、2006 年、2007 年的生产性服务业总和的 63.20%、63.79%、65.55%和 68.87%。因此，这里以交通运输、仓储与邮政服务业、金融服务业作为生产性服务业的代表性行业（记作 PSG），根据这几个行业增加值的汇总数据进行计算。依据《中国统计年鉴 2008》的有关数据，可以得出以下数据，如表 4-4 所示：

表 4-4 1978~2007 年中国第三产业增加值

本表按当年价格计算（单位：亿元）

年份	第三产业	交通运输仓储邮政业	批发和零售业	住宿和餐饮业	金融业	房地产业	其他	PSG 累计	PCD 占服务业比重 (%)
1978	872.5	182.0	242.3	44.6	68.2	79.9	255.6	250.14	28.67
1979	878.9	193.7	200.9	44.0	66.9	86.3	287.1	260.63	29.65
1980	982.0	213.4	193.8	47.4	75.0	96.4	356.0	288.38	29.37
1981	1076.6	220.7	231.1	54.1	79.8	99.9	390.9	300.51	27.91
1982	1163.0	246.9	171.4	62.3	114.8	110.8	456.8	361.63	31.10
1983	1338.1	274.9	198.7	72.5	149.0	121.8	521.2	423.90	31.68
1984	1786.3	338.5	363.5	96.8	203.9	162.3	621.2	542.46	30.37
1985	2585.0	421.7	802.4	138.3	259.9	215.2	747.5	681.61	26.37
1986	2993.8	498.8	852.6	163.2	356.4	298.1	824.6	855.24	28.57

续表

年份	第三产业	交通运输仓储邮政业	批发和零售业	住宿和餐饮业	金融业	房地产业	其他	PSG 累计	PGD 占服务业比重(%)
1987	3574.0	568.3	1059.6	187.1	450.0	382.6	926.3	1018.32	28.49
1988	4590.3	685.7	1483.4	241.4	585.4	473.8	1120.6	1271.09	27.69
1989	5448.4	812.7	1536.2	277.4	964.3	566.2	1291.6	1777.03	32.62
1990	5888.4	1167.0	1268.9	301.9	1017.5	662.2	1470.9	2184.53	37.10
1991	7337.1	1420.3	1834.6	442.3	1056.3	763.7	1819.9	2476.59	33.75
1992	9357.4	1689.0	2405.0	584.6	1306.2	1101.3	2271.3	2995.20	32.01
1993	11915.7	2174.0	2816.6	712.1	1669.7	1379.6	3163.7	3843.74	32.26
1994	16179.8	2787.9	3773.4	1008.5	2234.8	1909.3	4465.8	5022.73	31.04
1995	19978.5	3244.3	4778.6	1200.1	2798.5	2354.0	5602.9	6042.80	30.25
1996	23326.2	3782.2	5599.7	1336.8	3211.7	2617.6	6778.3	6993.84	29.98
1997	26988.1	4148.6	6327.4	1561.3	3606.8	2921.1	8423.0	7755.33	28.74
1998	30580.5	4660.9	6913.2	1786.9	3697.7	3434.5	10087.3	8358.57	27.33
1999	33873.4	5175.2	7491.1	1941.2	3816.5	3681.8	11767.7	8991.63	26.54
2000	38714.0	6161.0	8158.6	2146.3	4086.7	4149.1	14012.4	10247.64	26.47
2001	44361.6	6870.3	9119.4	2400.1	4353.5	4715.1	16903.3	11223.71	25.30
2002	49898.9	7492.9	9995.4	2724.8	4612.8	5346.4	19726.7	12105.75	24.26
2003	56004.7	7913.2	11169.5	3126.1	4989.4	6172.7	22633.9	12902.59	23.04
2004	64561.3	9304.4	12453.8	3664.8	5393.0	7174.1	26571.2	14697.37	22.76
2005	73432.9	10835.7	13534.5	4193.4	6307.2	8243.8	30318.1	17142.91	23.35
2006	84721.4	12481.1	15471.1	4792.1	8490.3	9664.0	33822.7	20971.45	24.75
2007	100053.5	14604.1	18169.5	5705.4	11057.0	11854.3	38663.2	25661.13	25.65

资料来源：根据《中国统计年鉴 2008》有关数据计算得出。

三、数据采集小结

通过多次的模拟实验计算，发现根据第一种数据采集方法得到的数据所得出的计算结果和根据统计年鉴数据计算出的结果有较大出入。如果采用第一种基于其他间接研究成果方法所得出的数据，最终进行检验的结果是生产性服务业与产业结构优化之间不存在格兰杰因果关系，这个结论从理论上无法找到合理解释的充分依据。考虑到统计年鉴数据的权威性，因此本书使用第二种方法得出的数据进行验算。

第四节 实证检验

Eviews 是在大型计算机的 TSP 软件包基础上发展起来的新版本，是一组处理时间序列数据的有效工具。1981 年 QMS 公司在 Micro TSP 基础上直接开发成功 Eviews 并投入使用，在很多领域特别是计量经济学领域得到了广泛应用。[①] 这里使用 Eviews 软件来进行数据分析。

一、样本描述

表 4-5 指标描述性统计表

	PSG	ISO
Mean	6254.948	19.78468
Median	3419.470	16.30915
Maximum	25661.13	39.14650
Minimum	250.1403	7.330600
Std. Dev.	6804.034	11.02334
Skewness	1.202239	0.244024
Kurtosis	3.739783	1.449998
Jarque-Bera	7.910993	3.300870
Probability	0.019149	0.191966
Sum	187648.4	593.5405
Sum Sq. Dev.	1.34E+09	3523.907
Observations	30	30

二、单位根检验

格兰杰因果检验实际上是通过回归模型的显著性来判断的，其模

① 张晓峒：《Eviews 使用指南与案例》，机械工业出版社 2008 年版。

型的实质是以时间序列数据进行回归分析，而对于时间序列数据的回归分析，则必须先进行变量的平稳性检验，否则分析时会出现“伪回归”现象，以此做出的结论有可能是错误的。为了防止伪回归问题的产生，在进行 Geweke 分解检验之前，对时间序列的平稳性进行单位根检验。常见的单位根检验有 ADF 检验（Dickey，Fuller，1979）和 PP 检验（Phillips，Perron，1988），本书采用 ADF 检验来进行单位根检验。ADF 单位根检验是基于以下的回归方程：

$$\Delta X_t = a_0 + a_1 t + (\rho - 1)X_{t-1} + \sum \beta_i \Delta X_{t-i} + \varepsilon_t \quad (4\text{-}15)$$

设定原假设和备选假设，接受原假设意味着时间序列含有单位根。当原假设成立时说明序列是非平稳的。

（1）产业结构效益系数序列 ISO 的 ADF 根检验结果如表 4-6 所示：

表 4-6 ISO 的 ADF 根检验结果

Null Hypothesis：D（ISO）has a unit root				
Exogenous：None				
Lag Length：0（Automatic based on SIC，MAXLAG=0）				
			t-Statistic	Prob.*
Augmented Dickey-Fuller test statistic			-2.732480	0.0081
Test critical values：	1% level		-2.650145	
	5% level		-1.953381	
	10% level		-1.609798	
*MacKinnon（1996）one-sided p-values.				

ADF 根检验结果表明，ISO 序列在 1%的显著水平下拒绝原假设，可以确定 ISO 序列是平稳序列。检验结果显示，ISO 二阶差分序列在 0.24%的显著水平上拒绝原假设，可以确定其是平稳的。

（2）PSG 的 ADF 根检验结果如下：根据表 4-7 的 ADF 检验结果可以看出，在给定显著水平为 1%、5%和 10%时，PSG 为非平稳化序列。按照单位根平稳化的做法：①对变量进行对数化处理，将时间序列的指数趋势转为线性趋势，对数化后的检验结果显示其依然非平稳；②进行一阶差分，用单位根方法对差分序列进行平稳性检验，但其依然不稳定；③再进行二阶差分。检验结果如表 4-8 所示。

表 4-7 PSG 的 ADF 根检验结果

Null Hypothesis: PSG has a unit root				
Exogenous: Constant				
Lag Length: 7 (Automatic based on SIC, MAXLAG=7)				
			t-Statistic	Prob.*
Augmented Dickey-Fuller test statistic			3.105666	1.0000
Test critical values:	1% level		-3.769597	
	5% level		-3.004861	
	10% level		-2.642242	
*MacKinnon (1996) one-sided p-values.				

表 4-8 PSG 二阶差分序列的 ADF 根检验结果

Null Hypothesis: D (PSG, 2) has a unit root				
Exogenous: None				
Lag Length: 0 (Automatic based on SIC, MAXLAG=4)				
			t-Statistic	Prob.*
Augmented Dickey-Fuller test statistic			-2.139872	0.0334
Test critical values:	1% level		-2.653401	
	5% level		-1.953858	
	10% level		-1.609571	
*MacKinnon (1996) one-sided p-values.				

PSG 的二阶差分的 ADF 检验结果显示，经过第二次检验后，所有差分序列的 t 统计量值均小于显著性水平为 5%的临界值，表明至少可以在 95%的置信水平下拒绝原假设，原序列经过二阶差分平稳，都变成了二阶单整序列。下面采用平稳化后的序列进行格兰杰因果关系检验。

三、协整分析

在处理时间序列宏观模型时，如果不考虑时间序列变量的平稳性，可能会出现伪回归，即变量之间根本不存在线性关系，但相关的检验变量却是显著相关的情况，导致得出错误的判断。协整理论的基本思路是：对于两个或多个具有单位根特征的时间序列变量，可以构造变量之间的某种组合似的模型以达到平稳目的。协整理论表明，如果两个或两个以上的不平稳时间序列之间的某种线性组合是平稳的，则可以认为这两个或两个以上的时间序列之间存在协整关系。

前面已经对 ISO 与 PSG 的时间序列进行了平稳性检验。为了考察 PSG 与 ISO 之间的动态规律，需要进行两者之间的协整关系检验。本书采用 Johansen 检验法进行协整检验，该方法是 Johansen（1988，1991）、Johansen 和 Juselius（1990）所发展出的，它是由 VAR 模型推导而来的，因此需要首先对 VAR 模型选取最适滞后阶数。依据最小 AIC 准则，经过多次反复试验，确定 Johansen 检验的最适滞后阶数为 2。其次，检验变量之间是否存在协整关系。为了使结论具有稳健性，本书同时采用了迹检验（Trace Test）和最大特征值检验（Max-Eigenvalue Test）。

（1）D（PSG，2）与 D（ISO，2）的协整关系检验。上述协整检验结果中的迹检验与最大特征根检验均表明，这两个变量之间至少存在一个协整关系。根据上表可见，在 5%置信水平上协整向量个数为 1，这意味着 D（PSG，2）与 D（ISO，2）之间存在协整关系，即二者有着某种长期均衡关系。

（2）Log（PSG）与 Log（ISO）的协整关系检验。下面进行对数化处理后的 Log（PSG）和 Log（ISO）序列的协整关系分析，结果如表 4-9 和表 4-10 所示。

表 4-9 D（PSG，2）与 D（ISO，2）的协整关系检验结果

Sample（adjusted）：1982~2007

Included observations：26 after adjustments

Trend assumption：Linear deterministic trend

Series：D（ISO，2）D（PSG，2）

Lags interval（in first differences）：1 to 1

Unrestricted Cointegration Rank Test（Trace）

Hypothesized		Trace	0.05	
No. of CE（s）	Eigenvalue	Statistic	Critical Value	Prob.**
None*	0.484551	18.07798	15.49471	0.0200

续表

At most 1	0.032065	0.847359	3.841466	0.3573
Trace test indicates 1 cointegrating eqn (s) at the 0.05 level				
*denotes rejection of the hypothesis at the 0.05 level				
**MacKinnon-Haug-Michelis (1999) p-values				
Unrestricted Cointegration Rank Test (Maximum Eigenvalue)				
Hypothesized		Max-Eigen	0.05	
No. of CE (s)	Eigenvalue	Statistic	Critical Value	Prob.**
None *	0.484551	17.23062	14.26460	0.0165
At most 1	0.032065	0.847359	3.841466	0.3573
Max-eigenvalue test indicates 1 cointegrating eqn (s) at the 0.05 level				
*denotes rejection of the hypothesis at the 0.05 level				
**MacKinnon-Haug-Michelis (1999) p-values				
Unrestricted Cointegrating Coefficients (normalized by b' *S11*b=I):				
D (ISO, 2)	D (PSG, 2)			
-0.502574	-0.002158			
0.694992	-0.003395			
Unrestricted Adjustment Coefficients (alpha):				
D (ISO, 3)	1.901527	0.023693		
D (PSG, 3)	36.30284	53.40173		
1 Cointegrating Equation (s):		Log likelihood	-239.2200	
Normalized cointegrating coefficients (standard error in parentheses)				
D (ISO, 2)	D (PSG, 2)			
1.000000	0.004295			
	(0.00164)			
Adjustment coefficients (standard error in parentheses)				
D (ISO, 3)	-0.955658			
	(0.21062)			
D (PSG, 3)	-18.24486			
	(32.2049)			

表 4-10 LOG (PSG) 与 LOG (ISO) 的协整关系检验结果

Sample (adjusted): 1980~2007				
Included observations: 28 after adjustments				
Trend assumption: Linear deterministic trend				
Series: Log (ISO) Log (PSG)				
Lags interval (in first differences): 1 to 1				
Unrestricted Cointegration Rank Test (Trace)				
Hypothesized		Trace	0.05	
No. of CE (s)	Eigenvalue	Statistic	Critical Value	Prob.**

续表

None*	0.413896	17.46579	15.49471	0.0249
At most 1	0.085631	2.506576	3.841466	0.1134
Trace test indicates 1 cointegrating eqn（s）at the 0.05 level				
*denotes rejection of the hypothesis at the 0.05 level				
**MacKinnon-Haug-Michelis（1999）p-values				
Unrestricted Cointegration Rank Test（Maximum Eigenvalue）				
Hypothesized		Max-Eigen	0.05	
No. of CE（s）	Eigenvalue	Statistic	Critical Value	Prob.**
None *	0.413896	14.95922	14.26460	0.0388
At most 1	0.085631	2.506576	3.841466	0.1134
Max-eigenvalue test indicates 1 cointegrating eqn（s）at the 0.05 level				
*denotes rejection of the hypothesis at the 0.05 level				
**MacKinnon-Haug-Michelis（1999）p-values				
Unrestricted Cointegrating Coefficients（normalized by b' *S11*b=I）：				
Log（ISO）	Log（PSG）			
-6.362021	2.184538			
-2.470308	1.672446			
Unrestricted Adjustment Coefficients（alpha）：				
D（Log（ISO））	0.051888	0.013928		
D（Log（PSG））	0.026612	-0.009707		
1 Cointegrating Equation（s）：		Log likelihood	78.43919	
Normalized cointegrating coefficients（standard error in parentheses）				
Log（ISO）	Log（PSG）			
1.000000	-0.343372			
	(0.02934)			
Adjustment coefficients（standard error in parentheses）				
D（Log（ISO））	-0.330114			
	(0.10124)			
D（Log（PSG））	-0.169306			
	(0.05956)			

上述协整检验结果中的迹检验与最大特征根检验均表明，这两个变量间在5%置信水平上至少存在一个协整关系。这意味着Log（PSG）与Log（ISO）之间存在长期均衡关系。变量的非平稳性是格兰杰因果检验时的常见问题，为了取得平稳序列，采用对原序列进行一阶差分、二阶差分等数据处理方法变换。但这些变换有可能会导致原始变量间的因果关系扭曲，导致得出的结论有经济意义的改变和信息量的损失，

特别是对于存在协整关系的单整序列，用差分序列代替原序列将会导致在回归时遗漏误差修正项，使得即使不存在因果关系，也因为 Wald 统计值过小而不能拒绝原假设。①

四、格兰杰因果关系检验

根据 Geweke 分解检验的原理，利用经济计量学软件 Eviews，对 D（PSG，2）和D（ISO，2）以及Log（PSG）和Log（ISO）的格兰杰因果关系进行实证检验分析。由于格兰杰因果关系依赖于检验回归模型中的滞后长度，因此分别对不同滞后长度 Lag=1，Lag=2，Lag=3，Lag=4 分别进行了检验。格兰杰因果关系检验是通过检验有限制条件回归和无限制条件回归的残差平方和是否发生变化来实现的，因此检验统计量是 F 统计量。结果如下：

（1）D（PSG，2）和 D（ISO，2）的格兰杰因果关系检验。在滞后长度为 1 的情况下，对于第一个假设，其 F 统计量为 F=5.77824，相应的概率值 P=0.0243，小于 5%的检验水平，因此拒绝该原假设，即可以认为 D（ISO，2）是引起 D（PSG，2）变化的格兰杰原因。对于第二个假设，其 F 统计量为 F=0.35163，相应的概率值 P= 0.5587，大于 10%的检验水平，因此不能拒绝该原假设，即可以认为 PSG 不是引起 ISO 变化的格兰杰原因。因此，根据以上分析，序列 D（ISO，2）和 D（PSG，2）之间存在从 D（ISO，2）到 D（PSG，2）的单向因果关系。滞后长度为 1 的检验结果如表 4–11 所示。

表 4–11 D（PSG，2）和 D（ISO，2）的格兰杰因果关系检验结果（Lag=1）

Null Hypothesis：	Obs	F-Statistic	Prob.
D（ISO，2）does not Granger Cause D（PSG，2）	27	5.77824	0.0243
D（PSG，2）does not Granger Cause D（ISO，2）		0.35163	0.5587

① 贺红波：《非平稳序列的 Granger 因果检验》，《长春师范学院学报》，2004 年第 9 期。

在滞后长度为 2 的情况下，对于第一个假设，其 F 统计量为 F=3.02835，相应的概率值 P=0.0699，大于 5%的检验水平，因此不能拒绝该原假设，即可以认为 D（ISO，2）不是引起 D（PSG，2）变化的格兰杰原因。对于第二个假设，其 F 统计量为 F=3.77737，相应的概率值 P=0.0397，小于 5%的检验水平，所示可以拒绝该原假设，即可以认为 PSG 是引起 ISO 变化的格兰杰原因。因此，根据以上分析，序列 D（ISO，2）和 D（PSG，2）之间存在从 D（ISO，2）到 D（PSG，2）的双向因果关系。结果如表 4-12 所示。

表 4-12 D（PSG，2）和 D（ISO，2）的格兰杰因果关系检验结果（Lag=2）

Null Hypothesis:	Obs	F-Statistic	Prob.
D（ISO，2）does not Granger Cause D（PSG，2）	26	3.02835	0.0699
D（PSG，2）does not Granger Cause D（ISO，2）		3.77737	0.0397

在滞后长度为 3 的情况下，对于第一个假设，其 F 统计量为 F=1.37538，相应的概率值 P=0.2823，大于 10%的检验水平，所以不能拒绝该原假设，即可以认为 D（ISO，2）不是引起 D（PSG，2）变化的格兰杰原因。对于第二个假设，其 F 统计量为 F=3.65550，相应的概率值 P= 0.0323，小于 5%的检验水平，所以可以拒绝该原假设，即可以认为 D（PSG，2）是引起 D（ISO，2）变化的格兰杰原因。因此，根据以上分析，序列 D（ISO，2）和 D（PSG，2）之间存在从 D（PSG，2）到 D（ISO，2）的单向因果关系，但不存在 D（ISO，2）到 D（PSG，2）的单向因果关系。滞后长度为 3 的检验结果如表 4-13 所示。

表 4-13 D（PSG，2）和 D（ISO，2）的格兰杰因果关系检验结果（Lag=3）

Null Hypothesis:	Obs	F-Statistic	Prob.
D（ISO，2）does not Granger Cause D（PSG，2）	25	1.37538	0.2823
D（PSG，2）does not Granger Cause D（ISO，2）		3.65550	0.0323

在滞后长度为 4 的情况下，对于第一个假设，其 F 统计量为 F=1.38080，相应的概率值 P=0.2875，大于 10%的检验水平，所以不能拒

绝该原假设，即可以认为 D（ISO，2）不是引起 D（PSG，2）变化的格兰杰原因。对于第二个假设，其 F 统计量为 F = 2.38691，相应的概率值 P = 0.0974，小于 10%的检验水平，所以在 10%的水平上可以拒绝该原假设，即可以认为 D（PSG，2）是引起 D（ISO，2）变化的格兰杰原因。因此，根据以上分析，序列 D（ISO，2）和 D（PSG，2）之间存在从 D（PSG，2）到 D（ISO，2）的单向因果关系，但不存在 D（ISO，2）到 D（PSG，2）的单向因果关系。滞后长度为 4 的检验结果如表 4-14 所示。

表 4-14　D（PSG，2）和 D（ISO，2）的格兰杰因果关系检验结果（Lag=4）

Null Hypothesis:	Obs	F-Statistic	Prob.
D（ISO，2）does not Granger Cause D（PSG，2）	24	1.38080	0.2875
D（PSG，2）does not Granger Cause D（ISO，2）		2.38691	0.0974

汇总以上滞后长度分别为 1、2、3、4 的格兰杰因果检验的结果，如表 4-15 所示。

表 4-15　多个滞后长度的格兰杰因果关系检验结果

原假设	滞后长度	目标	F 统计值	概率	判断
D（ISO，2）不是 D（PSG，2）的格兰杰原因	1	26	5.77824	0.0243	拒绝原假设
D（PSG，2）不是 D（ISO，2）的格兰杰原因	1	26	0.35163	0.5587	不拒绝原假设
D（ISO，2）不是 D（PSG，2）的格兰杰原因	2	26	3.02835	0.0699	不拒绝原假设
D（PSG，2）不是 D（ISO，2）的格兰杰原因	2	26	3.77737	0.0397	拒绝原假设
D（ISO，2）不是 D（PSG，2）的格兰杰原因	3	25	1.37538	0.2823	不拒绝原假设
D（PSG，2）不是 D（ISO，2）的格兰杰原因	3	25	3.65550	0.0323	拒绝原假设
D（ISO，2）不是 D（PSG，2）的格兰杰原因	4	24	1.38080	0.2875	不拒绝原假设
D（PSG，2）不是 D（ISO，2）的格兰杰原因	4	24	2.38691	0.0974	拒绝原假设

表 4-14 所示，在 5%的水平上，滞后长度 1，存在序列 D（ISO，2）至 D（PSG，2）的单向因果关系；从滞后长度 2 到滞后长度 3，存在序列 D（PSG，2）至 D（ISO，2）的单向因果关系。

（2）Log（PSG）和 Log（ISO）的格兰杰因果关系检验。平稳序列可以直接进行格兰杰因果关系检验，对于非平稳序列则需要平稳化后才可以进行格兰杰因果关系检验，但是经过差分，可能导致长期关系信息的损失，从而导致信度低的检验结果。协整分析的结果，证明了Log（PSG）和Log（ISO）存在协整关系，可以进行格兰杰因果检验。下面分别对Log（PSG）和Log（ISO）序列进行滞后长度分别为1、2、3、4的格兰杰因果检验。汇总格兰杰因果检验结果，形成如下多个滞后长度的格兰杰因果关系检验结果如表4-16所示。

表4-16　多个滞后长度的格兰杰因果关系检验结果

原假设	滞后长度	目标	F统计值	概率	判断
Log（ISO）不是Log（PSG）的格兰杰原因	1	29	8.73171	0.0066	拒绝原假设
Log（PSG）不是Log（ISO）的格兰杰原因	1	29	8.05817	0.0087	拒绝原假设
Log（ISO）不是Log（PSG）的格兰杰原因	2	28	4.95347	0.0163	拒绝原假设
Log（PSG）不是Log（ISO）的格兰杰原因	2	28	4.75672	0.0187	拒绝原假设
Log（ISO）不是Log（PSG）的格兰杰原因	3	27	8.62720	0.0007	拒绝原假设
Log（PSG）不是Log（ISO）的格兰杰原因	3	27	3.53391	0.0334	拒绝原假设
Log（ISO）不是Log（PSG）的格兰杰原因	4	26	4.17425	0.0155	拒绝原假设
Log（PSG）不是Log（ISO）的格兰杰原因	4	26	3.19792	0.0395	拒绝原假设

以上数据显示，从滞后长度1到滞后长度4都拒绝原假设，证明了序列Log（PSG）与Log（ISO）之间存在显著的长期的双向格兰杰因果关系。

第五节　检验结果与原因分析

根据验算结果，我们可以推断出产业结构效益系数ISO与生产性服务业增加值PSG之间有如下关系：①D（ISO，2）与D（PSG，2）之间存在双向格兰杰因果关系，当滞后长度为1时，从D（ISO，2）到D（PSG，2）的单向的即时因果关系是显著的；当滞后长度为2到3时，从D（PSG，2）到D（ISO，2）的单向因果关系是显著的。②Log

(PSG) 与 Log (ISO) 当滞后长度为 1~4 时都存在长期的双向格兰杰因果关系。综合判断，产业结构效益系数 ISO 与生产性服务业增加值 PSG 之间存在长期的格兰杰因果关系，ISO 在其短期变动上对于 PSG 存在非常显著的即时因果关系，PSG 对于 ISO 的影响体现在中长期。

因此，生产性服务业 (PSG) 与产业结构合理化 (ISO) 的格兰杰因果关系如图 4–2 所示。

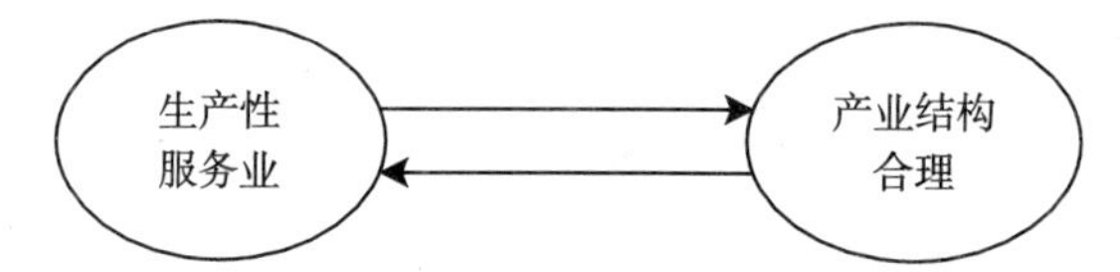

图 4–2 生产性服务业与产业结构合理化的格兰杰因果关系

这个结论的原因应该是多方面的。产业结构的变化寓于经济发展之中，是整个经济动态发展变化的有机组成部分。导致产业结构变化的因素是多方面的，既有产业结构体系内在运动的因素，又有外部变化的影响。[①] 产业结构包括两个方面：一是指国民经济中各产业之间和各产业内部的比例关系，国民经济三次产业的构成、三次产业各自的内部构成、三次产业内部的行业构成；二是指国民经济中各产业的素质分布状态，即技术水平和经济效益的分布状态，包括加工深浅度、附加价值高低、资本集约度、高新技术产品产值占该产业的总产值的比重以及规模效益和国际竞争力。决定和影响产业结构合理化的因素很多，比如需求结构（包括中间需求与最终需求的比例，社会消费水平和结构、消费和投资的比例、投资水平与结构等）、资源供给结构（劳动力、资本、自然资源禀赋）、科学技术因素（科技水平、科技创新能力、创新速度、创新方向等）、国际经济关系（进出口贸易、外资引进、技术引进等）、产业政策等。马克思的经济学原理认为，产业结构是经济结构的主体和核心内容，经济结构是包含产业结构在内的综合性概念。经济结构的内涵包括广义的经济结构和狭义的经济结构。

① 张蕴岭：《经济发展与产业结构》，社会科学出版社 1991 年版。

广义的经济结构是指生产力与生产关系的总和，经济结构既包含生产关系结构，又包括生产力结构，是人与人、人与自然双重关系的总和。狭义的经济结构是从生产力或生产关系的某个方面来考察的经济结构，从生产力的角度看，经济结构是指经济各部类及社会再生产各个方面、各个环节的组成和结构，包括产业结构、分配结构、交换结构、消费结构、技术结构等。马克思在《资本论》第二卷第三篇中论述了社会资本再生产理论，认为社会资本再生产，即宏观经济运行的核心问题是社会总产品的实现问题，解决这一核心问题的基本条件是保持社会总供给与社会总需求的基本平衡，即要求社会总产品结构必须合理，进而要求产业结构必须合理。

导致上述检验结果的主要原因，初步分析如下：

（1）影响产业结构合理化的因素是非常多的，需求结构、供给结构、科技进步、产业政策等对于产业结构优化的影响都很大，无法凸显生产性服务业对于产业结构合理化的即时影响作用。

（2）可能是指标选取或数据采集存在问题，所选取的指标对于格兰杰因果关系检验或许不是最合适的。

（3）可能是数据采集的方法或数据处理结果对于格兰杰因果关系检验并非是最合适的，如果采用中间需求率的数据采集方法可能导致截然不同的结果。

虽然通过格兰杰因果关系检验所推导出的结论只是统计意义上的因果关系，但格兰杰检验的结果可以作为现实因果关系的有力支持。

第六节　本章结论

通过以上我国 1978~2008 年的数据检验分析，按照本书选取的指标和研究方法，根据以上检验结果，假设 A 和假设 B 均是成立的，即生产性服务业与产业结构合理化之间存在双向因果关系，生产性服务业的发展可以导致产业结构合理化，同时产业结构合理化可以导致生产性服务业的发展。初步判断：改革开放 30 年来，产业结构合理化与生产性服务业发展存在长期的双向因果关系，即产业结构效益的提高导致了生产性服务业的发展增加，生产性服务业发展也导致产业结构合理化。产业结构合理化在其短期变动上对生产性服务业有显著的因果关系，生产性服务业对于产业结构合理化的影响体现在中长期。

综上所述，一方面，现阶段中国产业结构合理化对于促进生产性服务业发展具有显著的即时影响；另一方面，生产性服务业的发展对于产业结构合理化的影响在中长期是显著的。以此推断，在现阶段而言，如果我国经济面临发展生产性服务业和产业结构优化的政策选择时，从短期来看应该首先选择产业结构优化，从中长期来看应该重点发展生产性服务业。《中华人民共和国国民经济和社会发展第十一个五年规划纲要》指出，“立足优化产业结构推动发展，把调整经济结构作为主线，促使经济增长由主要依靠工业带动和数量扩张带动向三次产业协同带动和结构优化升级带动转变”。中国生产性服务业在产业结构中的比重相对较小，要发挥生产性服务业对产业结构合理化的中长期影响的作用，首先需要大力提高生产性服务业的增加值、就业人数在产业结构中的相应比重。当前，我国的经济结构调整，既要加快产业结构合理化，又要大力发展生产性服务业。

第五章　生产性服务业与产业结构高度化的关系分析

产业结构优化是指通过政府的有关产业政策调整影响产业结构变化的供给结构和需求结构，实现资源优化配置与再配置，推动产业结构高度化和合理化发展的过程。产业结构优化过程包括产业结构高度化和产业结构合理化两个部分，产业结构高度化主要是根据经济发展的历史和逻辑序列顺向演进规律，通过创新，加速产业结构从低层次向高层次演进的过程。[①] 生产性服务业与产业结构合理化之间是长期的双向的格兰杰因果关系，具有相互促进的作用。那么，产业结构高度化与生产性服务业之间的相互作用关系是什么呢？根据目前的文献检索，这方面的研究成果难以解释其中的相互关系。本章应用定量研究方法，就生产性服务业对于产业结构高度化的影响关系展开分析。

第一节　假设提出

产业结构高度化也称产业结构高级化，是指一个国家或地区的经济发展重点或产业结构重心由第一产业向第二产业和第三产业逐次转移的过程，标志着一国经济发展水平的高低和发展阶段、方向。产业

① 苏东水：《产业经济学》，高等教育出版社 2006 年版。

结构高度化往往具体反映在各产业部门之间产值、就业人员、国民收入比例变动的过程上。产业结构的高度化，有内部因素相互作用的原因，也有外部因素作用导致的结果，其作用机制复杂。

产业结构合理化和产业结构高度化是构成产业结构优化的两个方面。产业结构高度化以产业结构合理化为基础，脱离合理化的高度化只能是一种“虚高度化”。产业结构合理化的过程，使结构效益不断提高，进而推动产业结构向高度化发展。[①] 产业结构高度化包括两方面的内容：一是产业结构比例的高度化，包括要素禀赋结构的高度化、三次产业结构的高度化、产品结构的高度化、产业组织结构的高度化等内容；二是产业结构水平的高度化，大致分三个阶段，即重工业化阶段、高加工化阶段和知识集约化阶段。分析产业结构变化的复杂机制，研究中常采用相关分析的方法来揭示各产业之间的相互关系，以及产业结构和其他结构变化之间的动态变化中的相互关系的变化，其中有的偏重于产业间的相互关系，主要根据投入产出表来计算分析产出关联；有的偏重于产业结构与其他主要有关结构变化的相关关系。[②]

根据克拉克、库兹涅茨等人的研究，产业结构高度化一般遵循以下规律：第一、二、三次产业的地位不断变化，顺次呈现出由“一、二、三”为序的结构特征，向以“二、一、三”、“二、三、一”为序，最终进入“三、二、一”为序列的所谓“高服务化”阶段。各产业内部结构也发生相应的变化：在农业内部，从依存自然环境的分散化经营，向生态化的生物农业生产方式转变；在工业内部一般要经历轻工业化、重化工业化、高加工度化、知识技术集约化四个阶段；在服务业内部，随着社会分工的细化、深化和社会服务需求不断积累，各种服务业从第一、第二次产业中游离出来，向独立化、自动化、标准化方向发展，导致不断产生新的服务行业，并逐渐与其他产业融

① 逄锦聚：《政治经济学》，高等教育出版社 2002 年版。
② 杨德勇、张宏艳：《产业结构研究导论》，知识产权出版社 2008 年版。

合的趋势。①

关于生产性服务业与产业结构高度化相互关系的研究观点，有的观点认为生产性服务业的发展可以促进产业结构高度化，有的观点认为产业结构高度化可以促进生产性服务业发展，主要可分为两个方面。

（1）生产性服务业可以促进产业结构升级。认为：以竞争优势代替比较成本优势、优先发展生产性服务业、注重产业之间的融合是推动城市产业结构高级化的有效手段。②发达生产性服务业是经济现代化的重要标志，生产性服务业促进企业的竞争力、提升产业结构升级，生产性服务是形成产品差异性和企业之间进行非价格竞争的重要手段，生产性服务业发展促进了产业组织结构的变革。③生产性服务业的发展对于促进产业结构优化升级、提升产业竞争力具有重要作用，应高度重视生产性服务业在促进产业结构优化升级中的作用，从国际分工、专业化分工和产业互动角度大力促进生产性服务业的发展。④生产性服务业的发展促进产业结构的整体升级，可以从生产性服务业的地区生产总值、对经济增长的贡献率、就业人数、劳动生产率、影响力系数和感应度系数等方面得到证明。⑤生产性服务业是现代服务业的核心内容，服务业发展层次和演变规律也要求大力发展生产性服务业，发展生产性服务业是走新型工业化道路的需要，是实现服务业结构升级的重要目标。⑥

（2）产业结构升级也可以推动生产性服务业的发展。生产性服务业是产业结构升级的重要引擎，产业结构升级推动了生产性服务业的发展。⑦生产性服务业可以通过技术进步与创新、深化分工、提高生产效率、产业集群、改善地区投资环境以及与工业、服务业的互动来共同

---

① 孔令丞：《论中国产业结构优化升级》，企业管理出版社2006年版。
② 林兰、曾刚：《纽约产业结构高级化及其对上海的启示》，《世界地理研究》，2003年第9期。
③ 刘重：《生产性服务业对产业结构的影响及发展趋势分析》，《发展研究》，2006年第6期。
④ 路红艳：《大力发展生产性服务业促进我国产业结构优化升级》，《经济前沿》，2008年第2期。
⑤ 周雅、王江：《北京市生产性服务业的发展与产业结构的优化》，《经济师》，2008年第10期。
⑥ 夏杰长：《大力发展生产性服务业是推动我国服务业结构升级的重要途径》，《经济研究参考》，2008年第45期。
⑦ 邓丽姝：《生产性服务业发展与北京产业结构升级的关系机理》，《特区经济》，2008年第12期。

推动经济增长，认为生产性服务业与工业、服务业是相互作用的关系。①

综上所述，提出以下假设：假设 A：生产性服务业可以促进产业结构高度化；假设 B：产业结构高度化可以促进生产性服务业的发展。下面通过定量研究的方法，利用格兰杰因果关系检验对这两个假设进行实证分析。

第二节　中国产业结构高度化的现状分析

中国产业结构高度化首先表现为第一产业、第二产业、第三产业之间的结构变动。包括三方面内容：在整个产业结构中由第一次产业占优势比重逐渐向第二、三次产业占优势比重演进；产业结构中由劳动密集型，（特别是初级劳动密集型产业）占优势比重逐渐向资本密集型、技术密集型产业占优势比重演进的历史水平；产业结构中制造初级产品的产业占优势比重逐渐向制造中间产品、最终产品产业占优势比重演进的历史水平。

中国产业结构高度化还表现在三次产业的内部结构变化上。第一产业内部结构的变化趋势便是传统农业向现代农业的转变。农业是需求弹性较小的产业，技术的发展带来成本和价格的下降，收益减少，导致生产要素的流出和农业产业的收缩。但农业生产经营向工厂化与标准化发展，农业生产经营走向企业化与组织化，农业产业细分化，农业产业链拉长。第二产业内部结构的变化趋势是霍夫曼系数不断下降，轻、重工业由以原材料为重心的结构，向以加工工业、组装工业为重心的结构发展，工业发展从依赖劳动力为主的阶段发展到依赖资金为主的阶段，进而发展到依赖技术为主的阶段。即工业发展的重工

① 张亚斌，刘靓君：《生产性服务业对我国经济增长的影响研究》，《世界经济与政治论坛》，2008 年第 4 期。

业化趋势、高加工度趋势、高技术化趋势和高附加值趋势。第三产业内部结构的变化趋势是规模日益增大，产业内部日益分化、多元化和高度化。各种服务性劳动日益从生产过程中分离出来，成为独立的部门，以信息技术为中心的信息产业成为经济增长的火车头。

从新中国成立六十多年来产业结构的演变规律来看，第一产业的比重呈现总体下降的趋势，第二产业的比重呈现先下降、然后上升的趋势，第三产业的比重则呈现不断上升的趋势。从中国第二产业内部结构的演变规律看，改革开放 30 多年来出现了三轮调整周期：第一轮是 20 世纪 80 年代以轻工、纺织为主导的增长周期；第二轮增长周期始于 20 世纪 90 年代初期，起带动作用的高增长行业包括基础设施和基础产业、家电产品等；第三轮增长周期是 2000 年之后，汽车、城市基础设施建设、通信成为新的带头性高增长产业，并由此带动了钢铁、机械、建材、化工等提供中间产品的行业快速发展，基本上呈现了从轻工业化、重化工业化向高加工度化逐步过渡的演变趋势。从中国产业经济的发展趋势看，下一阶段的发展重点很有可能是以生产性服务业为支撑的知识技术集约化的战略性新兴产业。图 5-1 是中国在 1952~2008 年三次产业占国内生产总值比重的结构变化情况：

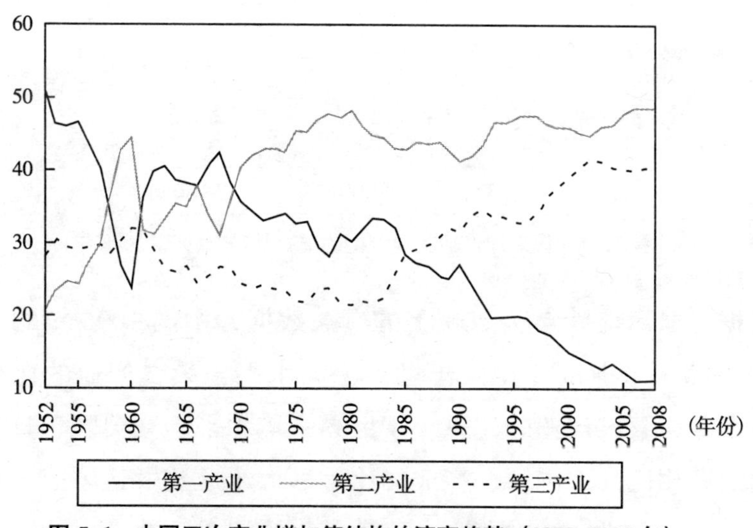

图 5-1　中国三次产业增加值结构的演变趋势（1952~2008 年）

根据图 5-1 我们可以发现：在总体趋势上，1952~2008 年中国产业结构中，第一产业占 GDP 的比重呈现下降趋势，而第二产业占 GDP 的比重呈现上升趋势。第三产业占 GDP 的比重呈现先下降、后上升的趋势。特别是 1980 年以来，第三产业占 GDP 的比重明显呈现逐渐上升的趋势，而第一产业占 GDP 的比重则呈现逐渐下降的趋势。

图 5-2 是中国从 1952~2008 年三次产业就业人数构成的变化情况，根据图 5-2 可以发现：新中国成立 60 年来，在总体趋势上，第一产业就业比例呈现下降趋势，而第二产业和第三产业的就业比例呈现上升趋势。近年来中国第三产业保持了稳定的发展趋势，第三产业的结构转换和升级速度加快，金融、物流、信息、商业、科技服务等生产性服务业的比重逐渐增加。

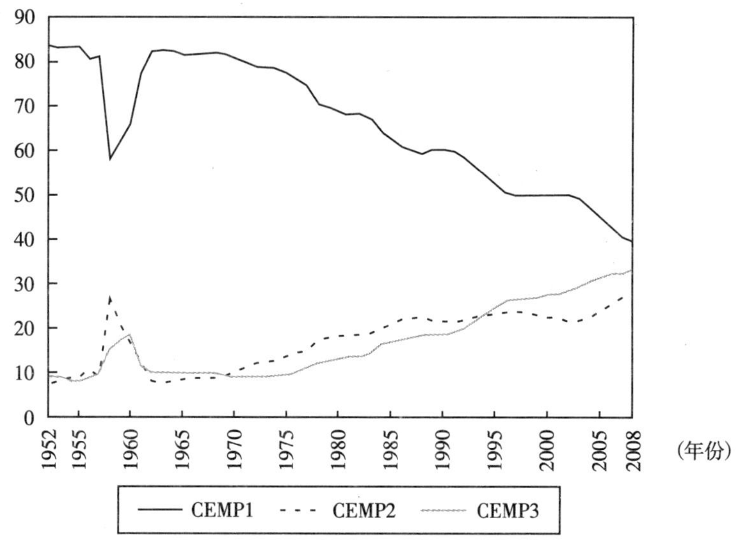

图 5-2 中国三次产业就业结构的演变趋势（1952~2008 年）

根据《国际统计年鉴 2008》的有关数据，中国 2006 年的三次产业结构中，第一产业的比重大于世界平均水平，第二产业的比重大于世界平均水平，第三产业的比重小于世界平均水平；同美国、日本、德国等发达国家相比，中国第一产业的比重远大于这些发达国家，第二产业的比重远大于这些发达国家，第三产业的比重远小于这些发达国家。

2006 年，全球三次产业结构的平均水平为，第一产业 3.4%，第二产业 27.6%，第三产业 69.0%；全球下中等收入国家的三次产业结构平均水平为，第一产业 11.9%，第二产业 42.7%，第三产业 45.5%。中国三次产业占国内生产总值的比重为，第一产业 11.9%，第二产业 47.0%，第三产业 41.1%。目前，中国产业结构的发展水平同世界各国相比，相当于全球下中等收入国家的平均水平。详细数据如表 5-1 所示。

表 5-1　中国与世界主要国家产业增加值结构的比较（2006 年）

单位：%

国家和地区	第一产业	第二产业	第三产业
世界	3.4	27.6	69.0
低收入国家	20.4	28.4	51.1
最不发达国家	27.4	26.2	46.2
重债穷国	28.4	26.1	45.5
中等收入国家	8.7	36.1	55.3
下中等收入国家	11.9	42.7	45.5
上中等收入国家	6.1	30.7	63.2
中、低收入国家	10.5	34.9	54.6
东亚和太平洋	11.6	46.0	42.4
欧洲和中亚	9.0	29.6	61.3
拉丁美洲和加勒比	6.4	30.4	63.3
中东和北非	11.5	40.5	48.0
南亚	18.2	27.5	54.3
高收入国家	1.7	25.9	72.4
非经合组织成员国	1.7	32.9	65.4
经合组织成员国	1.7	25.7	72.6
中国	**11.9**	**47.0**	**41.1**
日本	1.7	30.2	68.1
韩国	3.2	39.6	57.2
美国	1.3	22.0	76.7
德国	0.9	29.7	69.4
英国	1.0	26.2	72.8
法国	2.2	20.9	76.9
俄罗斯联邦	5.6	38.0	56.4

资料来源：世界银行世界发展指标数据库（《国际统计年鉴 2008》）。

第三节 指标选取与数据来源

发达国家的产业发展过程证明，产业结构的发展是一个不断地从低级结构向高级结构演进的过程，产业结构存在结构转换和不断高度化的问题。

一、产业结构高度化指标

产业结构高度化是产业结构不断从较低级状态向高级状态转移的演变过程，第一产业占优势比重向第二、第三产业占优势比重的方向顺次演进，劳动密集型产业占优势比重向资金密集型、技术密集型、知识密集型产业占优势比重的方向顺次演进，低附加值产业占优势比重向高附加值产业占优势比重的方向顺次演进，低加工度产业占优势比重向高加工度产业占优势比重的方向顺次演进，制造初级产品的产业占优势比重向制造中间产品、最终产品的产业占优势比重的方向顺次演进。

（1）指标选取分析。产业结构高度化涉及的评价范围较广，主要表现为工业结构中霍夫曼比例的降低、技术密集型和智力信息型产业的比重增大、各产业部门技术构成的提高、新兴产业的成长、环保产业的扩大等，常用的评价指标有：霍夫曼比例指标用来反映工业内部产业结构演进的高度化程度，工业加工程度指标用来反映工业化中由原材料为重心转向以加工组装为重心的演进程度，基础产业超前系数用来表示基础产业适度超前发展的程度，信息产业产值比重指标反映信息产业占国内生产总值的比例，智力技术密集型集约化程度反映由劳动资金密集型向技术密集型演进的程度，新兴产业产值比重指标反映电子信息等新兴产业和高新技术产业的生产总值占国内生产总值的比例，以及产业创新指标、产业开放度指标、产业成长度指标等。此外，用来评价产业结构高度化水平的指标还有：工业总产值占国民生产总值比重、出口占国内生产总值的比重、每百万固定资产原值的产值、单位 GDP 能耗、劳动力结构系数、产出结构系数、工业制成品占出口的比重、工业内部利润平均化程度等。衡量一国产业结构高度化程度，还有“标准结构”方法、相对比较判别方法等，可以从产值标准结构、劳动力标准结构、相对劳动生产率标准结构、经济发展阶段等方面进行比较分析。

对于产业结构高度化的指标，Clark 所定义的产业结构调整系数 S1，也就是第一产业的从业人数占社会就业总人数中所占的比率，该比率越小，说明产业结构高度化的程度越高。[①] Fisher 于 1960 年提出，产业结构高度化的重要标志是在国民经济发展过程中，第一产业比重逐渐下降，第二产业比重先升后降，第三产业比重逐步上升，最终将占据主导地位。在现代经济发展的潮流中，第三产业的发达程度已经成为衡量一个国家文明程度和经济发展水平的重要标志。[②] 但是，仅仅以第一产业从业人数占三次产业从业人数比重，或者以第三产业增加值占三次产业增加值比重的发展，无法全面反映三次产业结构的高度化水平，需要综合考虑三次产业的增加值结构、三次产业的从业人数结构。因此，本文首次采用因子分析的方法，探索提取三次产业的增加值结构和三次产业从业人数结构的主成分因子来作为产业结构高度化的量化指标（ISS）。

（2）产业结构高度化指标的主因子分析。因子分析最初是由 C. Spearman 提出的，因子分析法通过对诸多变量的相关性研究，将众多原始变量浓缩成少数几个假想的因子变量，从而使这些因子变量具有更强的解析力。因子分析的一般模型为：

---

① 原毅军、董琨：《产业结构的变动与优化：理论解释与定量分析》，大连理工大学出版社 2008 年版。

② A. Fisher. “Convergence in the Age of Mass Migration”, *Economic Development*, 1960 (1): 23-24.

$$\begin{cases} X_1 = a_{11}f_1 + a_{12}f_2 + \cdots + a_{1m}f_m + e_1 \\ X_2 = a_{21}f_1 + a_{22}f_2 + \cdots + a_{2m}f_m + e_2 \\ \vdots \\ X_k = a_{k1}f_1 + a_{k2}f_2 + \cdots + a_{km}f_m + e_k \end{cases} \tag{5-1}$$

f_j 是公共因子，两两正交；e_i 是特殊因子，只对相应的 X_i 起作用；a_{ij} 是公共因子的负载，是第 i 个变量在第 j 个因子上的载荷，即相关系数。载荷因子越大，则说明第 i 个变量与第 j 个因子的关系越强；反之，载荷越小，第 i 个变量与第 j 个因子的关系越弱。特殊因子表示该变量中不能被公共因子解释的部分，实际上就是实测变量与估计值之间的残差。各个特殊因子之间以及特殊因子与公共因子之间是相互独立的。初级变换得到的因子载荷差异不大，含义不明显，为了更清楚地凸显因子与实测变量之间的关系，提高公共因子的解释力，通常需要对因子载荷进行旋转处理，使因子载荷值向 0 和 1 两个方向分化。①

根据《中国统计年鉴 2009》的有关数据，计算出 1978~2007 年的第一产业就业比重、第二产业就业比重、第三产业就业比重、第一产业增加值占 GDP 比重、第二产业增加值占 GDP 比重、第三产业增加值占 GDP 比重的时间序列数据，这里，使用 SPSS 17.0 进行主因子分析，得到分析结果。

因子载荷是公共因子与指标变量之间的相关系数，载荷越大说明公共因子与指标变量之间的关系越密切。在确定公共因子个数时，先选择与原变量数目相等的因子个数，计算因子总方差结果见表 5-2。取初始特征值大于 1 的因子为公共因子。符合条件的特征值有 1 个，累积方差贡献率达 79.789%，涵盖了大部分变量信息。因此，选取第一个因子 FAC1_1 作为主成分因子。

① 马庆国：《管理统计》，科学出版社 2005 年版。

表 5-2　三次产业指标因子分析的解释总方差

成分	初始特征值			提取平方和载入		
	合计	方差的 %	累积 %	合计	方差的 %	累积 %
1	4.787	79.789	79.789	4.787	79.789	79.789
2	0.926	15.440	95.229	—	—	—
3	0.246	4.093	99.322	—	—	—
4	0.041	0.678	100.000	—	—	—
5	2.736E-16	4.561E-15	100.000	—	—	—
6	-2.614E-16	-4.357E-15	100.000	—	—	—

提取方法：主成分分析。

表 5-3　产业结构高度化指标的主成分因子

年份	就业比重			GDP 比重			FAC1_1
	第一产业	第二产业	第三产业	第一产业	第二产业	第三产业	
1978	70.5	17.3	12.2	28.2	47.9	23.9	-1.33724
1979	69.8	17.6	12.6	31.3	47.1	21.6	-1.47033
1980	68.7	18.2	13.1	30.2	48.2	21.6	-1.30203
1981	68.1	18.3	13.6	31.9	46.1	22.0	-1.38442
1982	68.1	18.4	13.5	33.4	44.8	21.8	-1.48002
1983	67.1	18.7	14.2	33.2	44.4	22.4	-1.40133
1984	64	19.9	16.1	32.1	43.1	24.8	-1.11618
1985	62.4	20.8	16.8	28.4	42.9	28.7	-0.76821
1986	60.9	21.9	17.2	27.2	43.7	29.1	-0.54894
1987	60	22.2	17.8	26.8	43.6	29.6	-0.461
1988	59.3	22.4	18.3	25.7	43.8	30.5	-0.34574
1989	60.1	21.6	18.3	25.1	42.8	32.1	-0.40843
1990	60.1	21.4	18.5	27.1	41.3	31.6	-0.55079
1991	59.7	21.4	18.9	24.5	41.8	33.7	-0.37279
1992	58.5	21.7	19.8	21.8	43.4	34.8	-0.11669
1993	56.4	22.4	21.2	19.7	46.6	33.7	0.19331
1994	54.3	22.7	23	19.8	46.6	33.6	0.32042
1995	52.2	23	24.8	19.9	47.2	32.9	0.45407
1996	50.5	23.5	26	19.7	47.5	32.8	0.58992
1997	49.9	23.7	26.4	18.3	47.5	34.2	0.71475
1998	49.8	23.5	26.7	17.6	46.2	36.2	0.73617
1999	50.1	23	26.9	16.5	45.8	37.7	0.75249
2000	50	22.5	27.5	15.1	45.9	39.0	0.81391
2001	50	22.3	27.7	14.4	45.1	40.5	0.83519
2002	50	21.4	28.6	13.7	44.8	41.5	0.82532

续表

年份	就业比重			GDP 比重			FAC1_1
	第一产业	第二产业	第三产业	第一产业	第二产业	第三产业	
2003	49.1	21.6	29.3	12.8	46	41.2	0.95109
2004	46.9	22.5	30.6	13.4	46.2	40.4	1.08843
2005	44.8	23.8	31.4	12.2	47.7	40.1	1.35927
2006	42.6	25.2	32.2	11.3	48.7	40.0	1.61815
2007	40.8	26.8	32.4	11.1	48.5	40.4	1.81163

二、生产性服务业发展指标

这里采用生产性服务业增加值（PSG）作为生产性服务业的发展指标。由于统计口径和数据可得性等原因，以交通运输、仓储与邮政服务业、金融服务业作为中国生产性服务业的代表性行业（记作 PSG），根据这几个行业增加值的汇总数据进行计算。1978~2007 年生产性服务业增加值发展趋势的折线图如图 5-3 所示：

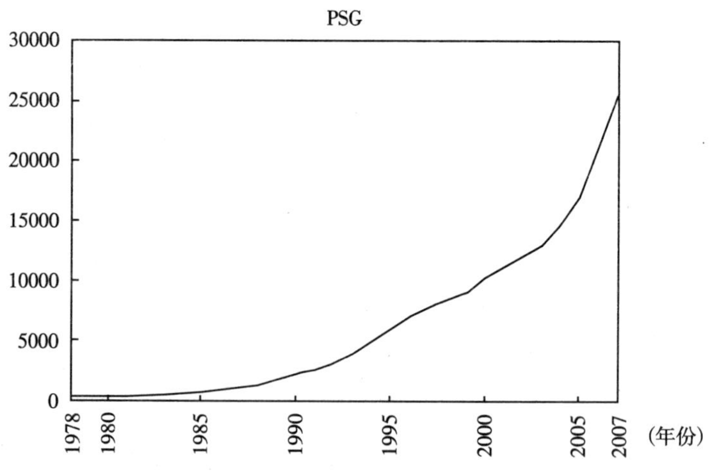

图 5-3　中国生产性服务业增加值的发展趋势（1978~2007 年）

三、数据来源

数据来源于国家统计局发布的《中国统计年鉴 2009》和《中国第三产业统计年鉴 2008》，所使用的样本数据取自于 1978~2007 年的年度数据。

第四节　实证检验

本书实证部分的研究思路是首先检验时间序列数据的单位根检验变量的平稳性，如不平稳就取对数或差分，进行平稳化处理；如果变量均为同阶单整变量，采用协整检验以判别变量间是否存在长期均衡关系；如果变量间存在长期均衡的关系，应用格兰杰检验其因果关系。数据分析使用 Eviews 软件来进行。

一、单位根检验

对时间序列单位根的检验实际上就是对时间序列平稳性的检验。非平稳时间序列如果存在单位根，一般可以通过差分或取对数的方法来消除单位根，从而使序列平稳化。以下对 ISS 和 PSG 两个指标分别进行 ADF 根检验，结果如表 5–4 所示。

表 5–4　ISS 序列的根检验结果

Null Hypothesis：D（ISS）has a unit root				
Exogenous：Constant				
Lag Length：0（Automatic based on SIC，MAXLAG=7）				
			t-Statistic	Prob.*
Augmented Dickey-Fuller test statistic			–3.420753	0.0187

续表

Test critical values:	1% level		-3.689194	
	5% level		-2.971853	
	10% level		-2.625121	
*MacKinnon (1996) one-sided p-values.				

以上关于 ISS 时间序列的根检验结果表明，ISS 的一阶差分序列在 95%的显著水平下拒绝原假设。因此，可以确定 ISS 序列是平稳序列。

前文通过对 PSG 序列、对数序列、一阶差分序列的根检验结果，显示均为非平稳序列。PSG 的二阶差分的 ADF 检验结果显示：在 95%的置信水平下拒绝原假设，原序列经过二阶差分后为平稳序列。

二、协整检验

如果序列之间是协整的，那么至少存在一个方向上的格兰杰原因，非协整的非平稳序列之间的任何原因的推断都是无效的。以下对 ISS 和 PSG 两个指标的时间序列进行协整分析，结果如下：上述协整检验结果中的迹检验与最大特征根检验均表明，ISS 和 PSG 这两个变量间至少存在一个协整关系。根据表 5-5 可见，在 5%置信水平上协整向量个数为 1。这意味着 PSG 与 ISS 两组时间序列数据之间存在协整关系，即二者有某种长期均衡关系。

表 5-5 ISS 与 PSG 的协整检验

Sample (adjusted): 1980~2007				
Included observations: 28 after adjustments				
Trend assumption: Quadratic deterministic trend				
Series: ISS PSG				
Lags interval (in first differences): 1 to 1				
Unrestricted Cointegration Rank Test (Trace)				
Hypothesized		Trace	0.05	
No. of CE (s)	Eigenvalue	Statistic	Critical Value	Prob.**
None*	0.418625	20.01427	18.39771	0.0295
At most 1*	0.158388	4.828224	3.841466	0.0280

续表

Trace test indicates 2 cointegrating eqn (s) at the 0.05 level				
*denotes rejection of the hypothesis at the 0.05 level				
**MacKinnon-Haug-Michelis (1999) p-values				
Unrestricted Cointegration Rank Test (Maximum Eigenvalue)				
Hypothesized		Max-Eigen	0.05	
No. of CE (s)	Eigenvalue	Statistic	Critical Value	Prob.**
None	0.418625	15.18605	17.14769	0.0944
At most 1*	0.158388	4.828224	3.841466	0.0280
Max-eigenvalue test indicates no cointegration at the 0.05 level				
*denotes rejection of the hypothesis at the 0.05 level				
**MacKinnon-Haug-Michelis (1999) p-values				
Unrestricted Cointegrating Coefficients (normalized by b' *S11*b=I):				
ISS	PSG			
-6.268855	2.14E-05			
-2.152182	-0.000764			
Unrestricted Adjustment Coefficients (alpha):				
D (ISS)	0.066344	0.016621		
D (PSG)	112.6944	-102.0409		
1 Cointegrating Equation (s):		Log likelihood	-170.2451	
Normalized cointegrating coefficients (standard error in parentheses)				
ISS	PSG			
1.000000	-3.42E-06			
	(2.9E-05)			
Adjustment coefficients (standard error in parentheses)				
D (ISS)	-0.415901			
	(0.11586)			
D (PSG)	-706.4647			
	(377.439)			

三、格兰杰因果检验

格兰杰因果关系检验实际上是建立在两个回归的基础上，所以在进行检验前都应考察序列的平稳性。而在对非平稳序列进行因果关系检验前应先对序列进行协整检验，若两者存在协整关系，再对二者进行因果关系检验。格兰杰因果检验解决了 X 是否引起 Y 的问题，主要看现在的 Y 能够在多大程度上被过去的 X 解释，加入 X 的滞后值能否使 Y 的解释程度提高。格兰杰因果关系检验从统计意义上检验变量之间的因果关系，对于经济现象中因果关系不明确的事物，可以通过这种方法进行统计意义上的检验。

这里根据 Geweke 分解检验的原理，利用计量经济学分析软件 Eviews 6.0，对 PSG 和 ISS 时间数据序列的格兰杰因果关系进行实证检验分析。由于格兰杰因果关系依赖于检验回归模型中的滞后长度，因此分别对不同滞后长度 Lag=1，Lag=2，Lag=3，Lag=4 分别进行了检验。根据实证检验的结果发现，只有滞后长度为 2 时，在 5%的水平上存在 ISS 到 PSG 的单向格兰杰因果关系，结果如表 5–6 所示。

表 5–6 ISS 与 PSG 的格兰杰因果关系检验

Pairwise Granger Causality Tests			
Sample：1978~2007			
Lags：2			
Null Hypothesis：	Obs	F-Statistic	Prob.
PSG does not Granger Cause ISS	28	1.23976	0.3081
ISS does not Granger Cause PSG		3.64145	0.0423

滞后长度为 2 的情况下，对于第一个假设，其 F 统计量为 F=1.23976，相应的概率值 P=0.3081，大于 10%的检验水平，因此不能拒绝该假设，即 PSG 不是引起 ISS 变化的格兰杰原因。对于第二个假设，其 F 统计量为 F=3.64145，相应的概率值 P=0.0423，小于 5%的检验水平，因此在 95%的显著性水平上可以拒绝该假设，即可以认为 ISS 是引起 PSG 变化的格兰杰原因。

第五节　检验结果与原因分析

根据验算结果，我们可以推断出产业结构高度化系数 ISS 与生产性服务业增加值 PSG 之间有如下关系：ISS 与 PSG 之间存在着单向格兰杰因果关系，从 ISS 到 PSG 的单向因果关系当滞后长度为 2 时是显著的；从 PSG 到 ISS 的单向因果关系当滞后长度为 1~4 时都是不存在的。综合判断，产业结构高度化系数 ISS 与生产性服务业增加值 PSG 之间存在从 ISS 到 PSG 的单向格兰杰因果关系，即 ISS 是导致 PSG 的格兰杰原因，而 PSG 不是导致 ISS 的格兰杰原因。生产性服务业（PSG）与产业结构高度化（ISS）的格兰杰因果关系如图 5-4 所示。

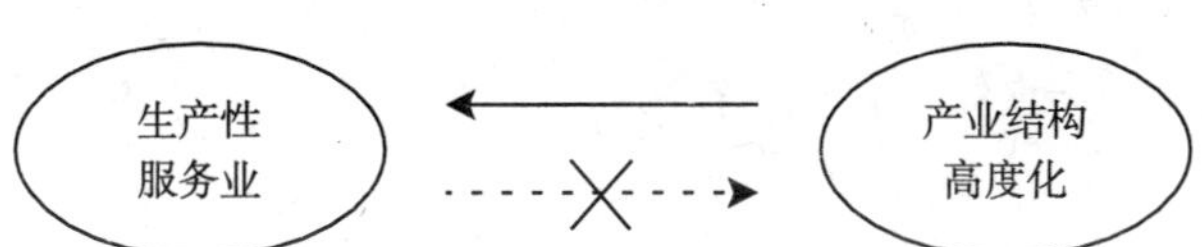

图 5-4　生产性服务业与产业结构高度化的格兰杰因果关系

根据上述检验结果，中国的产业结构高度化是导致生产性服务业发展的格兰杰原因，而生产性服务业不是导致产业结构高度化的格兰杰原因。其原因初步分析如下：

（1）影响产业结构高度化的因素比较多，干扰比较大，需求结构、供给结构、要素禀赋、科技进步、产业政策等因素对于产业结构高度化的影响都很大，无法凸显生产性服务业对于产业结构高度化的影响作用。

（2）研究指标及数据的选取可能存在片面性，所选取的指标对于格兰杰因果关系检验或许不是最合适的，所选择的数据只是 1978~2007 年中国改革开放 30 年来的产业结构数据，或许并非最适合格兰杰因果关系分析，可能无法全面地准确反映生产性服务业与产业结构相互关系的真实规律。

（3）可能是数据采集的方法或数据处理结果对于格兰杰因果关系检验并非是最合适的，若采用中间需求率的数据采集方法可能导致截然不同的结果。

（4）中国第三产业占 GDP 的比重从 1979 年的 21.44%上升到 2008 年的 40.07%，中国已经进入了工业化加速发展阶段，还没有进入后工业化阶段，生产性服务业的重要性在产业结构高度化发展的过程中还没有凸显。

（5）目前中国产业专业化分工程度还不高，导致生产性服务业的增加值和就业人数在整个产业结构中的比重较小，对于产业结构高度化的影响效果不显著，因此，导致因果关系检验中无法显现生产性服务业对于产业结构高度化的格兰杰因果关系。

（6）产业结构高度化的水平是多种因素共同影响的结果，涉及产业增加值结构、就业结构、投资结构、需求因素、供给因素、技术进步、产业政策、经济体制、禀赋等方面。任何影响经济发展的因素，都会直接或间接地影响产业结构高度化的发展，推动或制约产业结构高度化的进程。

本章根据改革开放以来的三次产业的历史数据，通过格兰杰因果检验，初步发现生产性服务业不是产业结构高度化的格兰杰因果关系。但是，这并不说明在现实社会中生产性服务业对于产业结构高度化不具备影响作用。生产性服务业对于产业结构高度化仍有多方面影响。

（1）生产性服务业对于产业结构高度化的影响。实质上生产性服务业是直接或间接为国民经济各产业生产过程提供中间服务的产业。生产性服务业的规模、质量和速度直接影响着其所提供服务产业的发展水平和整个产业结构的协调，从而影响产业结构高度化的发展水平。

（2）生产性服务业对于产业结构高度化的作用，表现在提高了生产过程不同阶段的运行效率和产出价值。产业结构高度化既有产业结构体系内在的因素，又有外部变化的影响。1937 年科斯探讨了企业和市场的边界，引入了交易费用概念。他对企业内部化和外部化的活动进行了分析认为，伴随着社会分工的深化，制造商和服务提供商之间交易数量将会扩大，只要劳动分工的边际收益大于交易费用的边际增长，那么劳动分工就会进一步细化，同时还会促进制造业生产效率的提升。市场化程度较低的状态下，研发、物流、运营、销售等服务性业务通常是由生产企业内部的专业部门来进行的，随着专业化分工的日益深入和市场交易成本的下降，依附于制造业内部的服务性业务逐渐被剥离，脱离母体企业并独立出来，形成融合了二、三产业特性的生产性服务业，提高了生产过程不同阶段的运行效率和产出价值，促进了产业结构高度化的演变发展。

（3）随着产业结构升级和劳动分工由产业内向企业内的深化，生产性服务业的作用愈发显著。其在产业结构中的重要性不断上升，是服务业升级过程的必经阶段。根据丹尼尔·贝尔的“后工业化社会”理论，从工业社会向后工业社会转移的过程中服务业经历了三个转变：一是在工业发展阶段，由于商品移动的需要和对能源提高的要求，交通和公共设施作为其辅助服务必然扩展，并且存在非制造业蓝领工人的增长。二是由于大规模的商品消费和人口增长，在流通、金融、房地产和保险等领域传统白领就业将上升。三是随着国民收入的提高，就像恩格尔定理所显示的，人们发现用于食物的钱将减少，其边际的增加首先用于耐用品，其次用于奢侈品，休闲之类，随着人们寿命的延长和需求、口味的变化，个人服务开始增长：旅馆、酒店、自动服务、旅游、娱乐、休闲、运动。服务业的发展历程从消费者服务业向生产者服务业、公共服务业顺次发展，即个人服务和家庭服务→交通通信及公共设施→商业、金融和保险业→休闲性服务业和集体服务业。因此说，交通、通信、商业、金融、保险等生产性服务业的高度发展在服务业产业升级过程中是一个必经阶段，起着非常重要的作用。随着中国经济的快速发展及向后工业化社会迈进的过程中，生产性服务业的作用将越来越重要。

（4）从人类社会发展的历史来看，技术进步是推动产业结构高度化的主要动力之一。当生产性服务业发展所导致的创新使技术水平在某一部门提高，进而扩散到其他部门时，就会带动产业结构的变动，推动产业结构高度化的发展。机理主要在于以下五个方面：①技术进步提高了生产效率，使产业规模扩张并发生结构变动。②技术进步扩展了可用资源范围，新技术使更多资源得以进入生产领域，使资源在三次产业间流动。③技术进步促进了规模生产，降低了劳动成本，提高了劳动生产率。④技术进步创造了新需求，新产品使一部分潜在的市场需求转变为现实的市场需求。⑤对于产出需求弹性大的产业，技术进步使该产业产品的需求规模扩大，吸引生产要素的流入，导致产业结构的变化。

第六节　本章结论

根据以上检验结果，可以判断这两组序列之间存在从 ISS 到 PSG 的单向因果关系，即产业结构高度化是导致生产性服务业发展的格兰杰原因。但是，生产性服务业的发展并不一定是导致产业结构高度化的格兰杰原因。因此，假设 A 不成立，假设 B 成立。

中国的生产性服务业与西方发达国家相比，在效益水平、产业规模、服务能力、服务范围等方面还存在较大差距，面临着供给结构、需求结构、国际化和市场化程度提升等问题，制度环境、要素支撑体系、城市化水平及服务标准等也形成制约。当前，中国处在工业化加速发展阶段，面临着产业结构调整和经济发展方式转变等多重任务，世界经济、社会和科技创新的迅速变化所带来的压力使这些任务日益紧迫。现阶段，中国的产业结构高度化制约并决定着生产性服务业的

发展水平，单纯依靠生产性服务业的发展无法全面提升中国产业结构高度化，要以产业结构高度化带动生产性服务业的发展。因此，中国当前的经济政策要统筹兼顾，全面协调可持续，加快经济发展方式转变，加快产业结构升级。

第六章　生产性服务业对产业结构优化的影响机制研究

产业结构合理化与高度化是产业结构优化过程中的两个基点。二者密切相关，共同构成了产业结构优化的动态过程。对于产业结构高度化与合理化关系的论述，目前比较一致的观点认为：产业结构的合理化和高度化是相互联系、相互制约的，两者共同促进产业结构优化。但是，关于生产性服务业、产业结构合理化与产业结构高度化三者相互关系的研究成果却很少，根据目前的文献检索，尚没有查找到量化研究的专门成果。本章运用定量研究的方法，对此展开分析。

第一节　假设提出

比较优势理论认为竞争力主要来源于劳动力、自然资源和生产要素的投入。而竞争战略理论认为，随着经济全球化的发展，劳动力、资源等要素禀赋的重要性将日趋下降，功效将日益降低，取而代之的是如何创造一个良好的支持环境和支持性的制度环境，以确保投入要素能高效地升级换代。因此，如何发挥生产性服务业在产业结构优化升级中的作用，具有重要的意义。

产业结构合理化是产业结构高度化的基础，产业结构高度化是产业结构合理化的目标。产业结构合理化，反映产业结构量上的客观要求，是产业结构的静态优化。产业结构高度化，反映产业结构质上的客观要求，体现为产业结构的发展，是产业结构的动态优化。主要可以从两个角度进行分析：一是从量变与质变的角度进行分析，认为产业结构合理化反映产业结构量上的客观要求，是产业结构静态上的合理化；产业结构高度化反映产业结构质上的客观要求，是产业结构动态上的合理化。产业结构合理化是高度化的基础，产业结构高级化是合理化的目标，这两方面是密切联系的。① 二是从产业成长的历程进行分析，认为产业结构高度化是产业结构非均衡成长过程。它的发展常常要打破原来水准的合理化状态，使产业结构从低水准向高水准演进，达到一个更高的合理化状态，是产业结构成长的过程。② 中国产业结构的协调化和高度化的实证与逻辑分析证明，中国产业结构优化升级的方向是使结构趋于协调，在协调化的基础上通过制度创新和技术创新，实现结构高度化，达到结构协调化和高度化的辩证统一，使结构协调化过程中具有向高度化转换的功能，高度化过程中具有结构协调化的能力，使经济增长建立在结构效益产生的增长素质提高的基础上。③

综上所述，这里提出两个假设。假设 A：产业结构合理化可以促进产业结构高度化；假设 B：产业结构高度化可以促进产业结构合理化。下面通过定量研究的方法，利用格兰杰因果关系检验对这两个假设进行实证分析。

---

① 杨公仆、夏大慰：《产业经济学教程》，上海财经大学出版社 1998 年版。
② 架贵勤：《区域经济学》，清华大学出版社 2008 年版。
③ 孔令丞：《论中国产业结构优化升级》，企业管理出版社 2006 年版。

第二节 指标选取与数据来源

一、产业结构合理化指标

这里把产业结构合理化产生的结构效益系数作为评价产业结构合理化指标（记作 ISO）。结构效益系数表明产业构成比例关系变动引起的效益变化。它反映总的投入产出关系，是观察产业结构是否合理的综合指标。[①] 为了从宏观上反映三次产业结构调整的效益测度，以及数据的可获得性，采取三次产业结构效益系数指标，表示产业结构优化后的总效益，减去优化前的总效益。如果三次产业结构效益系数值上升，说明产业结构调整使结构效益提高，即意味着产业结构趋于优化；如果三次产业结构效益系数值下降，说明产业结构效益下降，即意味着产业结构不合理。将 1978~2007 年的中国三次产业增加值、三次产业资本存量、三次产业就业人数代入三次产业结构效益系数计算模型，可以计算出 1978~2007 年中国三次产业结构调整的效益系数。

二、产业结构高度化指标

在上文中，使用 SPSS 17.0 统计分析软件的因子分析功能，根据《中国统计年鉴 2009》的有关数据，1978~2007 年的第一产业就业比重、第二产业就业比重、第三产业就业比重、第一产业增加值占 GDP 比重、第二产业增加值占 GDP 比重、第三产业增加值占 GDP 比重的

① 方甲：《产业结构问题研究》，中国人民大学出版社 1997 年版。

时间序列数据，进行主因子分析，得出了主成分因子，以此作为产业结构高度化指标，记作 ISS。这里，同样采用这个指标来进行分析。

三、数据来源

所使用的数据来源于国家统计局发布的《中国统计年鉴 2009》和《中国第三产业统计年鉴 2008》，以及依据有关的文献结果综合计算得出。

第三节 实证检验

本书实证部分的研究思路是首先检验 ISS 和 ISO 两组时间序列数据的单位根检验变量的平稳性，采用协整检验以判别变量间是否存在长期均衡关系。如果变量间存在长期均衡的关系，进行格兰杰因果关系检验。数据分析借助 Eviews 6.0 软件来进行。

一、单位根检验

ISS 和 ISO 序列的根检验结果如表 6-1 所示。

表 6-1 ISS 和 ISO 序列的根检验结果

Group unit root test：Summary				
Series：ISS，ISO				
Sample：1978~2007				
Exogenous variables：Individual effects				
Automatic selection of maximum lags				
Automatic lag length selection based on SIC：0				
and Bartlett kernel				
Balanced observations for each test				
			Cross-	
Method	Statistic	Prob.**	sections	Obs

续表

Null：Unit root（assumes common unit root process）				
Levin，Lin & Chu t*	-2.43410	0.0075	2	56
Null：Unit root（assumes individual unit root process）				
Im，Pesaran and Shin W-stat	-2.70880	0.0034	2	56
ADF-Fisher Chi-square	14.2661	0.0065	2	56
PP-Fisher Chi-square	14.3681	0.0062	2	56
** Probabilities for Fisher tests are computed using an asymptotic Chi-square distribution. All other tests assume asymptotic normality				

二、协整分析

ISS 和 ISO 序列的协整分析结果如表 6-2 所示。

表 6-2 ISS 和 ISO 序列的协整分析结果

Sample（adjusted）：1981~2007				
Included observations：27 after adjustments				
Trend assumption：Quadratic deterministic trend				
Series：ISS，ISO				
Lags interval（in first differences）：1 to 2				
Unrestricted Cointegration Rank Test（Trace）				
Hypothesized		Trace	0.05	
No. of CE（s）	Eigenvalue	Statistic	Critical Value	Prob.**
None*	0.618687	32.02486	18.39771	0.0003
At most 1*	0.199062	5.993237	3.841466	0.0144
Trace test indicates 2 cointegrating eqn（s）at the 0.05 level				
* denotes rejection of the hypothesis at the 0.05 level				
**MacKinnon-Haug-Michelis（1999）p-values				
Unrestricted Cointegration Rank Test（Maximum Eigenvalue）				
Hypothesized		Max-Eigen	0.05	
No. of CE（s）	Eigenvalue	Statistic	Critical Value	Prob.**
None*	0.618687	26.03163	17.14769	0.0020
At most 1*	0.199062	5.993237	3.841466	0.0144
Max-eigenvalue test indicates 2 cointegrating eqn（s）at the 0.05 level				
* denotes rejection of the hypothesis at the 0.05 level				
**MacKinnon-Haug-Michelis（1999）p-values				

续表

Unrestricted Cointegrating Coefficients (normalized by b' *S11*b=I):				
ISS	ISO			
-6.583726	-0.071803			
7.104635	-0.371840			
Unrestricted Adjustment Coefficients (alpha):				
D (ISS)	0.076258	-0.009410		
D (ISO)	1.017232	0.675612		
1 Cointegrating Equation (s):		Log likelihood	-16.40500	
Normalized cointegrating coefficients (standard error in parentheses)				
ISS	ISO			
1.000000	0.010906			
	(0.00814)			
Adjustment coefficients (standard error in parentheses)				
D (ISS)	-0.502059			
	(0.09344)			
D (ISO)	-6.697176			
	(2.52027)			

根据表 6-2 可知，在 5%置信水平上协整向量个数为 2。这意味着 ISO 与 ISS 两组时间序列数据之间存在协整关系，即二者有着某种长期均衡关系。

三、格兰杰因果检验

对 ISO 和 ISS 的格兰杰因果关系进行分析，分别对不同滞后长度 Lag=1、Lag=2、Lag=3、Lag=4 进行了检验。根据检验结果发现，只有滞后长度为 1 时，在 5%的水平上存在 ISS 至 ISO 的单向格兰杰因果关系。结果如表 6-3 所示：

表 6-3　ISS 和 ISO 序列的格兰杰因果关系检验结果

Pairwise Granger Causality Tests			
Sample: 1978~2007			
Lags: 1			
Null Hypothesis:	Obs	F-Statistic	Prob.
ISO does not Granger Cause ISS	29	0.49832	0.4865
ISS does not Granger Cause ISO		5.02954	0.0337

滞后长度为 1 的情况下，对于第一个假设，其 F 统计量为 F=0.49832，相应的概率值 P=0.4865，大于 10%的检验水平，因此不能拒绝该假设，即 ISO 不是引起 ISS 变化的格兰杰原因。对于第二个假设，其 F 统计量为 F=5.02954，相应的概率值 P= 0.0337，小于 5%的检验水平，因此在 95%的显著性水平上可以拒绝该假设，即可以认为 ISS 是引起 ISO 变化的格兰杰原因。

第四节　检验结果与原因分析

根据验算结果，我们可以推断出产业结构高度化系数 ISS 与产业结构合理化系数 ISO 之间有如下关系：ISS 与 ISO 之间存在单向格兰杰因果关系，从 ISS 到 ISO 的单向因果关系当滞后长度为 1 时是显著的；从 ISO 到 ISS 的单向因果关系在滞后长度为 1~4 时都是不存在的。由此可以判断，产业结构高度化系数 ISS 与产业结构合理化系数 ISO 之间存在从 ISS 到 ISO 的单向格兰杰因果关系，即 ISS 是导致 ISO 的格兰杰原因，而 ISO 不是导致 ISS 的格兰杰原因。

产业结构合理化（ISO）与产业结构高度化（ISS）的格兰杰因果关系如图 6-1 所示。

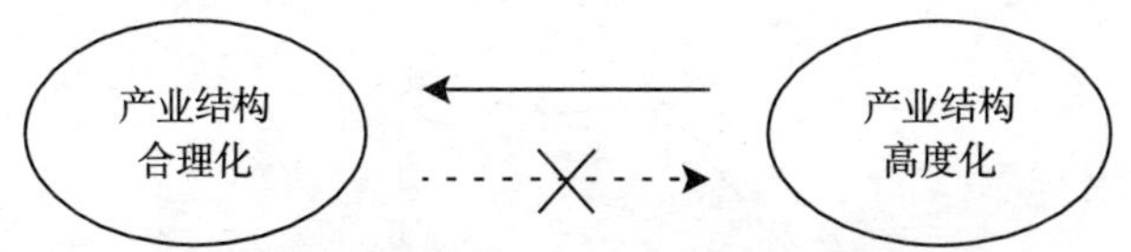

图 6-1　产业结构合理化与产业结构高度化的格兰杰因果关系

这个检验结果依据改革开放 30 年来的统计数据，发现中国产业结构高度化系数是导致产业结构合理化系数变化的格兰杰原因。一般而言，产业结构合理化强调产业间的平衡，目标是各产品保持稳定均衡的发展，而产业结构高度化则常以若干增长较快的主导产业带动其他产业的发展。产业结构合理化是任何国家或地区在任何阶段所追求的产业结构调整目标，而产业结构高度化则是在经济发展到一定阶段，产业结构合理化水平达到一定程度以后才成为产业结构调整的目标。

第五节　生产性服务业对产业结构高度化、合理化的影响机制模型

根据第五部分关于生产性服务业与产业结构合理化的关系分析结论，生产性服务业的发展可以导致产业结构合理化，同时产业结构合理化可以导致生产性服务业的发展。生产性服务业与产业结构高度化的关系是：产业结构高度化是导致生产性服务业发展的格兰杰原因，但是生产性服务业的发展并不一定是导致产业结构高度化的格兰杰原因。综合以上对于产业结构合理化与产业结构高度化的关系分析，可以得出三者的相互关系。根据三者的相互因果关系，可得出生产性服务业对产业结构合理化、产业结构高度化影响机制模型，如图6–2所示。

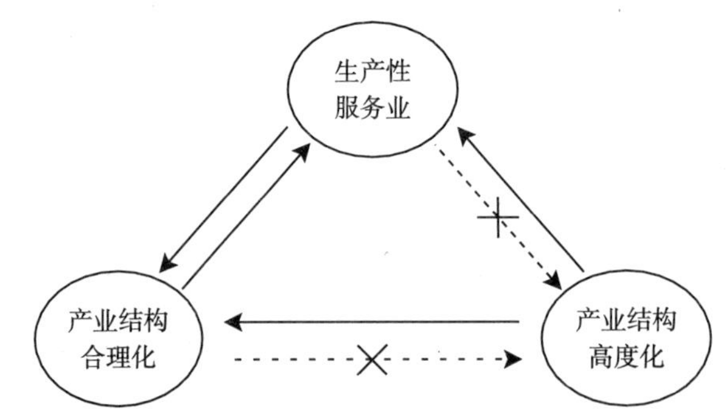

图6–2　生产性服务业对产业结构合理化、高度化的影响机制模型

产业结构合理化和产业结构高度化是相互联系、相互影响的。产业结构合理化是产业结构高度化的基础和前提。如果产业结构不合理，长期处于失衡状态，就不可能有产业结构高度化的发展；而产业结构高度化是产业结构合理化的目标和动力，产业结构高度化也是产业结构从一种合理化状态上升到更高层次合理化状态的发展过程。因此，产业结构高度化是产业结构合理化的必然结果。

产业结构优化的过程是高度化与合理化辩证统一的发展过程。一方面，产业结构合理化是一个不断调整产业间比例关系和提高产业间关联度的过程，主要在静态状况或在一定阶段内要求优化产业结构，实质是产业结构高度化的过程。产业结构合理化也总是在一定高度基础上的合理化。另一方面，产业结构高度化是产业结构从一种合理化状态上升到更高层次合理化状态的发展过程，主要从动态趋势要求优化产业结构。它是一个渐进的长期发展过程，也是产业结构由较低水平的均衡状态向较高水平的均衡状态发展的过程。产业结构高度化产生于产业结构合理化，产业结构发展水平越高，其对产业结构合理化的要求越高。随着产业结构水平的提高，产业间的技术经济联系更为密切和复杂，结构的整体性、协调性的要求更高，产业结构高度化必须以更高层次的合理化为目标。[①]

第六节　中国产业结构调整的重点

根据以上结论，现阶段中国产业结构调整在重视产业结构合理化的同时，更要重视产业结构高度化的发展。当前，中国产业结构优化升级的重点在于三个方面：一是加大现代农业发展力度，优化第一产

① 张平、王树华：《产业结构理论与政策》，武汉大学出版社 2009 年版。

业；二是加快技术升级，做强第二产业；三是发展生产性服务业，做大做优第三产业。

（1）加大现代农业发展力度，加快城乡统筹，优化第一产业。根据笔者对于改革开放30年来农村经济发展动力源泉的研究，以及对于西部地区城乡统筹成功经验的实地调研，提出以下建议：①加大现代农业发展力度，优化农业产业结构。在保持农业的重要性和基础地位不改变的前提下，提升标准化、产业化水平，降低传统农业在国民经济中的比重。②深化户籍制度改革，推动农民平等市场主体地位的形成。要让农民在政治、经济方面的能力得以开发，融入城市文明，需要实现统一的户籍制度。农民在国内有权自由迁徙和居住，有权自由选择职业、享受公正和合适的工作条件，有平等发展的机会，农村经济才能得到真正的发展，城乡一体化新格局才能形成。③改善农民的社会保障，落实农民在经济、社会及文化权利上的平等权。农民在享受各种资源方面与城市居民不平等，在享受失业救济、低保等社会保障方面的权利很少，教育、医疗、科技等方面明显与城市存在差距。要逐步建立健全农村的社会保障体系，发展农村公益事业。④加大农业公共服务建设，给予更多惠农政策。在恢复农民市场平等主体地位的情况下，依据市场公平原则和农业产业基础产业的地位，产业波动大、不稳定、脆弱的发展特点，给予农村更多的优惠政策。从国外先进国家的农业政策来看，农业一直受到政府保护，工业补贴农业是一贯做法。我国经济持续高速发展，国家财政已经有这个能力为农村经济发展提供更多的公共物品。⑤大力促进农村交通、通信、电力、灌溉、教育、医疗和社会保障的发展，大力促进农业机械化、信息化、规模化的发展，为农民在新的市场经济环境下发挥其积极性提供保障。

（2）加快技术升级，发展现代产业体系，做强第二产业。根据笔者对于东部发达地区成功经验的实地调研，提出建议如下：①充分利用高新技术改造现有工业产业，大幅度提高产品的科技含量和附加值，提高高技术产业在工业中的比重，进一步做强第二产业。集中优势力量发展具有中国比较优势的高技术产业，特别要发展具有潜在优势的高技术产业。②鼓励企业自主创新，加强国家创新体系的建设。促进产业结构优化升级，完善内外联动机制，努力把比较优势转化为竞争优势。根据竞争战略理论，核心竞争力取决于生产要素、需求条件、相关与辅助产业、企业战略结构和同业竞争、政府、机遇六个因素，竞争优势需要钻石体系中六大因素相互配合才能够形成。③以开发区和工业园区为依托，按照适当集中、集聚优势原则，以产业体系为重点、以产业园区为载体，形成规模集中、集约高效的地区工业发展新路子。坚持引进外资与自主创新并举，加快发展先进装备制造业、电子信息产业、新能源、节能环保、新材料和生物医药等战略性新兴技术产业。④大力推进传统产业的高新化、传统产品的高端化，围绕传统产业发展生产性服务业，加快电子信息技术、先进制造技术、清洁生产技术的扩散和渗透，推进节能减排和循环经济发展，加快实现设备、技术升级，以技术优势再造传统优势，促进产业结构优化。

（3）大力发展生产性服务业，做大做优第三产业。根据笔者对于北京市生产性服务业数百家企业的实证调研，发现服务业特别是生产性服务业已经成为推动经济社会发展的重要力量，做大第三产业尤其是生产性服务业是产业结构优化的主要动力。因此，提出以下三点建议：①抓住全球服务经济发展机遇，打造新的经济增长点。随着当今信息技术的发展和贸易环境的不断开放，推动了服务业全球化，制造型跨国公司在向服务型跨国公司转变，世界经济的重心正从制造业向服务业转移。②加快专业化分工，发展生产性服务业外包，发挥规模效应。积极发展具有比较优势的国际服务外包业。全球服务外包市场近年来正以30%左右的速度递增，跨国公司服务化趋势日益明显，服务型跨国公司的实力不断增加。新一轮全球产业转移浪潮已经到来，以服务外包和高新科技产业转移为主流的全球产业结构调整已逐渐兴起。③加快第三产业尤其是生产性服务业的发展，提高生产性服务业在整个国民经济中的比重。生产性服务业在产业结构优化升级中所起的作用日趋重要，服务经济将成为未来中国经济发展的新增长点。[①]

第七节 本章结论

根据以上检验结果及分析，可以判断：假设 A 不成立，假设 B 成立。这两组序列之间存在从 ISS 到 ISO 的单向因果关系，即产业结构高度化是导致产业结构合理化的格兰杰原因，但是产业结构合理化并不是导致产业结构高度化的格兰杰原因。

产业结构合理化、高度化与生产性服务业发展的相互作用及影响机制是非常复杂的。虽然通过格兰杰因果关系检验所推导出的结论只是统计意义上的因果关系，但可以作为现实因果关系的理论支持。如何处理生产性服务业与产业结构高度化、产业结构合理化三者之间的关系呢？由上述结论可推断出，在产业结构严重不合理的状态下，国民经济比例严重失调，结构性矛盾突出，影响产业结构的经济效益时，产业结构优化升级的重点应该着眼于产业结构的合理化方面；而当产业结构发展比较协调，供求关系相对缓和，但是国民经济长期在低技术水平上徘徊，产品更新换代缓慢，产品的产出结构难以适应供求结构的变动时，产业结构优化升级的政策重点应该着眼于产业结构高度化方面。[②] 当前，中国产业结构政策在重视产业结构合理化的同时，也许更要重视产业结构高度化，需要进一步加快发展现代农业、加快技术升级、发展生产性服务业。

① 白津夫、沈家文：《新苏南开放型经济模式研究》，《经济与管理研究》，2009 年第 6 期。
② 张平、王树华：《产业结构理论与政策》，武汉大学出版社 2009 年版。

第七章　生产性服务业对中国产业结构变动的影响机制

改革开放30多年来，中国产业结构发生了很大变化。第一产业占GDP的比重从1979年的31.17%下降到2008年的11.3%，第三产业占GDP的比重从1979年的21.44%上升到2008年的40.07%。中国已经进入了工业化加速发展阶段，产业结构战略性调整成为日益重要的任务。中国产业结构自新中国成立60多年来的长期趋势是：第一产业的比重总体下降；第二产业的比重先下降、后上升；第三产业的比重总体上升，基本呈现了产业结构发展的一般规律。对于生产性服务业与产业结构变动的关系研究，根据目前检索的文献，基本集中在生产性服务业与农业、制造业的关系上，关于生产性服务业与中国三次产业结构变动关系的研究尚未检索到，无从得知生产性服务业与产业结构变动的因果关系。彼得·德鲁克（1985）指出，具有快速发展潜力的产业将导致产业结构的发展。[①] 研究生产性服务业与中国产业结构变动的相互关系，对于当前产业结构调整政策的方向与重点，或许具有重要意义。本部分应用定量研究的方法，对此展开分析。

① 彼得·德鲁克：《创新与企业家精神》，机械工业出版社2007年版。

第一节　假设提出

生产性服务业与产业结构发展之间存在相互影响的关系。彼得·德鲁克在《创新与企业家精神》一书中指出：产业结构的发展向业外人士提供了显而易见而且可预测的绝佳机遇，但是业内人士则往往将这些机遇视为威胁。美国20世纪50年代在产业结构变革中崛起的金融证券业、医疗保健业、电信业的企业案例，证明了从事创新的业外人士能很快地成为一个主导产业的主要成员。研究表明，中国生产性服务业在国民经济中的地位逐步上升，服务业的生产者服务功能逐渐显现，目前中国的生产者服务投入大多由劳动密集型产业部门提供，但具有较高技术、知识资本与人力资本含量的生产者服务投入比重在逐渐上升。中国生产性服务的一半以上都投入到第二产业，其次是服务业自身。近几年，服务业自身占用生产者服务的比重缓慢上升，其他两类产业占用生产性服务的比重在逐渐下降。[①]

生产服务业与第一产业之间具有影响关系，李善同等用中国1987~1992年投入产出表测算第一、第二产业对服务业中间需求的发展。研究发现第一、第二产业对服务业的中间需求处于上升阶段，但第一产业对服务业的中间需求明显要低于第二产业对服务业的中间需求，与发达的西方国家相比处于低水平。Kenneth A.Reinert（1998）在《农村地区的非农业发展：一种贸易理论视角》一文中探讨了生产性服务作为直接投入对于农业的影响，并建立了农村地区的农业产品产出模型，进而探讨了投入农业中的生产性服务对于制定农产品价格政策

① 程大中：《中国生产性服务业的水平、结构及影响》，《经济研究》，2008年第1期。

影响方面的问题。[①] 我国农业对服务业的需求状况，1987~2002 年第一产业对农业对生产性服务业的需求系数分别是 0.0365、0.0363、0.0597、0.0572、0.0531、0.0622、0.0794 和 0.0804，第一产业对生产性服务业的中间需求是在波动中上升，第一产业对本身和工业品的中间需求也在波动中上升。由于农业中服务业的比重太低，地区之间农业中的服务业投入不平衡，从而阻碍了农业的产业化、专业化和市场化。由于我国农业生产力水平不高，城市吸收农村剩余劳动力的能力不强，农户规模小，制约了生产性服务业在第一产业中的发展。[②]

生产性服务业与制造业两者之间相互依赖且具有较高关联性。制造业结构发展给生产性服务业带来巨大发展空间，生产性服务业也成为制约或促进制造业发展的重要因素。通过协整分析与格兰杰因果检验，证明我国制造业与生产性服务业之间存在相互促进的因果关系，制造业是生产性服务业的格兰杰原因，生产性服务业也是制造业的格兰杰原因。尽管我国的生产性服务业与制造业具有长期稳定的协整关系，但是生产性服务业与制造业之间的弹性系数为 0.584，生产性服务业对制造业发展的拉动作用相对较小。[③] 大力发展生产性服务业是实现服务业结构升级的重要途径，是顺应服务业结构变化规律、支撑新型工业化道路的现实选择，可以起到促进服务业升级和推动新型工业化道路的作用。[④]

三次产业之间具有相互影响的复杂的关系。《国民经济行业分类》将三次产业进行了划分：第一产业指农、林、牧、渔业；第二产业指采矿业，制造业，电力、燃气及水的生产和供应业，建筑业；第三产业指除第一、第二产业以外的其他行业，包括：交通运输、仓储和邮

① 毕斗斗：《生产服务业发展研究》，经济科学出版社 2009 年版。
② 李启明：《生产性服务业与农业的互动发展》，《科技进步与对策》，2009 年第 7 期。
③ 纪春礼、李健：《中国生产性服务业与制造业间关系研究》，《未来与发展》，2010 年第 1 期。
④ 夏杰长：《大力发展生产性服务业是推动我国服务业结构升级的重要途径》，《经济研究参考》，2008 年第 45 期。

政业，信息传输、计算机服务和软件业，批发和零售业，住宿和餐饮业，金融业，房地产业，租赁和商务服务业，科学研究、技术服务和地质勘查业，水利、环境和公共设施管理业，居民服务和其他服务业，教育、卫生、社会保障和社会福利业，文化、体育和娱乐业，公共管理和社会组织，国际组织。刘世彦（2000）运用投入产出法分析了三次产业间的关联程度，认为第一、第二、第三产业的发展是紧密联系、互为因果的关系。“农业、采掘业和制造业是经济发展的砖，而服务业则是把它们黏合起来的灰泥”。“服务业是促进其他部门增长的过程产业，是经济的黏合剂，是便于一切经济交易的产业，是刺激商品生产的推动力。服务不是边缘化的或奢侈的经济活动，而是位于经济的核心地带”。陈桦、张耀辉（2008）认为，我国三大产业发展速度之间存在紧密的内在联系，某个产业其发展不仅与该产业的前期发展有关，而且受其他产业同期和前期发展速度的影响。以农业为代表的第一产业的重要性最为明显，农业信息对本身的发展以及第二、第三产业的发展都十分重要。第一产业的发展对于第二产业的发展和进步影响重大。没有农业的现代化，就不可能有整个国家经济的现代化，第三产业也不可能快速发展。加强农业的基础地位，依靠先进的生产设备和工业设备对第一产业的发展是非常关键的，以制造业工业为代表的第二产业长期对农业发展保持在40%左右的贡献。[①] 我国的经济增长与产业结构之间存在唯一的动态均衡关系，人均GDP的增长不是第三产业产值比重增加的原因，第三产业产值比重的增加是人均GDP增长的原因，人均GDP的增长与第三产业人口比重的增加之间存在明显的双向因果关系；第三产业人口比重的增加不是第三产业产值比重增加的原因，而第三产业产值比重的增加却是第三产业人口比重增加的原因。[②] 普遍的观点认为，三次产业之间存在着相互依赖、相互制约、互为因

---

① 陈桦、张耀辉：《中国产业结构趋势分析的向量自回归模型》，《科研管理》，2008年第11期。

② 纪玉山、吴勇民：《我国产业结构与经济增长关系之协整模型的建立与实现》，《当代经济与研究》，2006年第6期。

果的辩证关系。

综上所述，对于生产性服务业与三次产业结构发展的关系，以及三次产业结构之间的关系，提出以下六个假设：

假设 1：生产性服务业的发展可以促进第一产业的发展；第一产业的发展也可以导致生产性服务业的发展。

假设 2：生产性服务业的发展可以促进第二产业的发展；第二产业的发展也可以导致生产性服务业的发展。

假设 3：生产性服务业的发展可以促进第三产业的发展；第三产业的发展也可以导致生产性服务业的发展。

假设 4：第一产业的发展可以促进第二产业的发展；第二产业的发展也可以促进第一产业的发展。

假设 5：第一产业的发展可以促进第三产业的发展；第三产业的发展也可以促进第一产业的发展。

假设 6：第二产业的发展可以促进第三产业的发展；第三产业的发展也可以促进第二产业的发展。

下面通过定量研究的方法，利用格兰杰因果关系检验对以上六个假设进行实证分析。

第二节　指标选取与数据来源

一、三次产业结构指标

关于产业结构变动的研究，大多使用了三次产业分类法的三类指标：一是各产业的就业人数及其所占的比例变化；二是各产业的资本额及其所占的比例变化；三是各产业所创造的国民收入及其在全部国民收入中的比重。其中第一、二类指标反映各种资源在各产业部门中的分配状态，即资本、劳动力在各产业之间的分配比例关系；第三类指标反映经济活动的结果，可以推算得到相对应产业的经济效益指标。对三次产业状况的判断主要使用两类指标：一是各产业的就业人数及所占比重；二是各产业的国民生产总值（GNP）或国内生产总值（GDP）及其在全部国民生产总值中的比重，也用到各产业所创造的国民收入及在全部国民收入中的比重等。这里选取第一产业国内生产总值占全部国内生产总值的比重，作为第一产业的结构变动指标（RGDP1）；选取第二产业国内生产总值占全部国内生产总值的比重，作为第二产业的结构发展变动（RGDP2）；选取第三产业国内生产总值占全部国内生产总值的比重，作为第三产业的结构变动指标（RGDP3）。根据《中国统计年鉴》和中经网数据库的数据进行计算，1952~2008 年中国产业增加值结构发展趋势如图 7-1 所示。

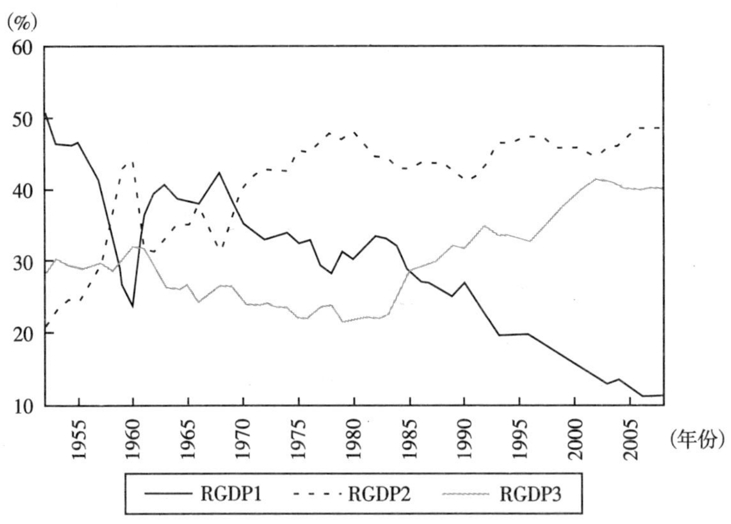

图 7-1 中国三次产业增加值占 GDP 比重的发展趋势（1952~2008 年）

二、生产性服务业发展指标

生产性服务业的发展指标采用生产性服务业增加值（PSG），由于统计口径和数据可得性等原因，以交通运输、仓储和邮政服务业及金融业作为中国生产性服务业的代表行业，根据这几个行业增加值的汇总数据进行计算。

三、数据来源

数据来源于国家统计局发布的《中国统计年鉴 2009》和《中国第三产业统计年鉴 2009》，所使用的样本数据取自 1978~2008 年的年度数据，通过相关计算得出。

第三节　生产性服务业与三次产业结构关系的实证检验

本书实证部分的研究思路是首先进行时间序列数据的单位根检验，检验变量的平稳性，如不平稳就取对数或差分，进行平稳化处理；如果变量均为同阶单整变量，采用协整检验以判别变量间是否存在长期均衡关系；如果变量间存在长期均衡关系，应用格兰杰检验其因果关系。下面使用 Eviews 6.0 软件进行数据分析。

一、生产性服务业与第一产业结构

（1）单位根检验。这里对 PSG 和 RGDP1 两个指标分别取对数，对其进行 ADF 单位根检验，结果如下：

非平稳时间序列如果存在单位根，一般可以通过差分或取对数的方法消除单位根，从而使序列平稳化，但差分有可能使原始变量间的因果关系扭曲，导致得出的结果经济意义的改变和信息量的损失。因此，这里选取了取对数的方法。根据表 7-1，Log（PSG）序列的根检验结果显示，t 统计量值均小于显著性水平为 5%的临界值，表明至少可以在 95%的置信水平下拒绝原假设，可以确定 Log（PSG）序列为非平稳序列（见表 7-1）。

表 7-1 Log（PSG）的 ADF 根检验结果

Null Hypothesis：Log（PSG）has a unit root				
Exogenous：None				
Lag Length：1（Automatic based on SIC，MAXLAG=7）				
			t-Statistic	Prob.*
Augmented Dickey-Fuller test statistic			1.972483	0.9861
Test critical values：	1% level		-2.650145	
	5% level		-1.953381	
	10% level		-1.609798	

Log（RGDP1）序列的根检验结果显示，t 统计量值小于显著性水平为 1%的临界值，表明在 99%的置信水平下拒绝原假设，可以确定 Log（RGDP1）序列是平稳的（见表 7-2）。

表 7-2 Log（RGDP1）的 ADF 根检验结果

Null Hypothesis：Log（RGDP1）has a unit root				
Exogenous：None				
Lag Length：0（Automatic based on SIC，MAXLAG=7）				
			t-Statistic	Prob.*
Augmented Dickey-Fuller test statistic			-2.775346	0.0072
Test critical values：	1% level		-2.644302	
	5% level		-1.952473	
	10% level		-1.610211	
*MacKinnon（1996）one-sided p-values				

（2）协整分析。如果序列之间是协整的，那么至少存在一个方向上的格兰杰原因，非协整的非平稳序列之间的任何原因的推断都是无效的。以下对 Log（RGDP1）和 Log（PSG）两个指标的时间序列进行协整分析，协整检验结果如表 7-3 所示。

表 7-3　Log（RGDP1）和 Log（PSG）的协整关系检验结果

Sample（adjusted）：1980~2007				
Included observations：28 after adjustments				
Trend assumption：No deterministic trend				
Series：Log（PSG），Log（RGDP1）				
Lags interval（in first differences）：1 to 1				
Unrestricted Cointegration Rank Test（Trace）				
Hypothesized		Trace	0.05	
No. of CE（s）	Eigenvalue	Statistic	Critical Value	Prob.**
None*	0.312581	13.41927	12.32090	0.0326
At most 1	0.099178	2.924546	4.129906	0.1032
Trace test indicates 1 cointegrating eqn（s）at the 0.05 level				
*denotes rejection of the hypothesis at the 0.05 level				
**MacKinnon-Haug-Michelis（1999）p-values				
Unrestricted Cointegration Rank Test（Maximum Eigenvalue）				
Hypothesized		Max-Eigen	0.05	
No. of CE（s）	Eigenvalue	Statistic	Critical Value	Prob.**
None	0.312581	10.49473	11.22480	0.0670
At most 1	0.099178	2.924546	4.129906	0.1032
Max-eigenvalue test indicates no cointegration at the 0.05 level				
*denotes rejection of the hypothesis at the 0.05 level				
**MacKinnon-Haug-Michelis（1999）p-values				
Unrestricted Cointegrating Coefficients（normalized by b'*S11*b=I）：				
Log（PSG）	Log（RGDP1）			
0.046046	−0.905994			
0.498585	−1.136727			
Unrestricted Adjustment Coefficients（alpha）：				
D（Log（PSG））	−0.031617	−0.007217		
D（Log（RGDP1））	0.017657	−0.013933		
1 Cointegrating Equation（s）：		Log likelihood	86.41185	
Normalized cointegrating coefficients（standard error in parentheses）				
Log（PSG）	Log（RGDP1）			
1.000000	−19.67568			

续表

	(5.13758)			
Adjustment coefficients (standard error in parentheses)				
D (Log (PSG))	-0.001456			
	(0.00048)			
D (Log (RGDP1))	0.000813			
	(0.00047)			

协整检验结果中的迹检验与最大特征根检验均表明，在5%的置信水平上协整向量个数为1。这意味着Log (PSG) 与Log (RGDP1) 之间至少存在着1个协整关系，即两者有着某种长期均衡关系。

（3）格兰杰因果检验。若存在协整关系，则表明随机变量的因果关系检验有效，可以用常规的统计量来进行因果关系检验。格兰杰因果关系依赖于检验回归模型中的滞后长度，因此分别对不同滞后长度Lag=1、Lag=2、Lag=3、Lag=4进行了检验。根据实证检验的结果发现：只有滞后长度为2时，在5%的置信水平上存在Log (PSG) 到Log (RGDP1) 的单向格兰杰因果关系，检验结果如表7-4所示。

表7-4 Log (RGDP1) 和Log (PSG) 的格兰杰因果关系检验结果

Pairwise Granger Causality Tests			
Date：07/27/10 Time：13：40			
Sample：1978~2008			
Lags：2			
Null Hypothesis：	Obs	F-Statistic	Prob.
Log (RGDP1) does not Granger Cause Log (PSG)	28	1.12240	0.3427
Log (PSG) does not Granger Cause Log (RGDP1)		3.64036	0.0423

在滞后长度为2的情况下，对于第一个假设，其F统计量为F=1.2240，相应的概率值P=0.3427，大于10%的检验水平，因此不能拒绝该假设，即Log (RGDP1) 不是引起Log (PSG) 变化的格兰杰原因。对于第二个假设，其F统计量为F=3.64036，相应的概率值P=0.0423，小于5%的检验水平，因此在95%的显著性水平上可以拒绝该假设，即Log (PSG) 是引起Log (RGDP1) 变化的格兰杰原因。

（4）检验结果。根据验算结果，可以推断出第一产业结构变动指标 RGDP1 与生产性服务业增加值 PSG 之间有如下关系：RGDP1 与 PSG 之间存在着单向格兰杰因果关系，从 PSG 到 RGDP1 的单向因果关系在滞后长度为 2 时是显著的；从 RGDP1 到 PSG 的单向因果关系在滞后长度为 1~4 时都是不存在的。因此，PSG 是引起 RGDP1 变化的格兰杰原因，而 RGDP1 不是引起 PSG 变化的格兰杰原因。两者之间的格兰杰因果关系如图 7–2 所示。

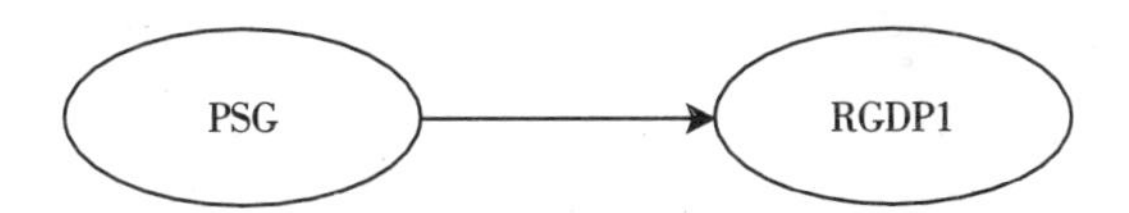

图 7–2 生产性服务业与第一产业结构变动的格兰杰因果关系

二、生产性服务业与第二产业结构

（1）单位根检验。对 RGDP2 序列取对数，进行 ADF 根检验，结果如表 7–5 所示。ADF 根检验结果显示，t 统计量值大于显著性水平为 10%的临界值，在 10%的置信水平上无法拒绝原假设，可以确定 Log（RGDP2）序列是非平稳的。

表 7–5 Log（RGDP2）的 ADF 根检验结果

Null Hypothesis：Log（RGDP2）has a unit root				
Exogenous：Constant，Linear Trend				
Lag Length：1（Automatic based on SIC，MAXLAG=4）				
			t-Statistic	Prob.*
Augmented Dickey-Fuller test statistic			–2.403754	0.3701
Test critical values：	1% level		–4.309824	
	5% level		–3.574244	
	10% level		–3.221728	
*MacKinnon（1996）one-sided p-values				

（2）协整分析。对 Log（RGDP2）和 Log（PSG）两个指标的时间序列进行协整分析，协整检验结果如表 7–6 所示。协整检验结果中的迹

检验表明，在 5%的置信水平上协整向量个数为 1。这意味着 Log(PSG) 与 Log（RGDP2）之间至少存在着 1 个协整关系，即两者有着某种长期均衡关系。

表 7-6　Log（RGDP2）和 Log（PSG）的协整关系检验结果

Sample（adjusted）：1980~2007				
Included observations：28 after adjustments				
Trend assumption：No deterministic trend				
Series：Log（PSG），Log（RGDP2）				
Lags interval（in first differences）： 1 to 1				
Unrestricted Cointegration Rank Test（Trace）				
Hypothesized		Trace	0.05	
No. of CE（s）	Eigenvalue	Statistic	Critical Value	Prob.**
None *	0.328976	12.65823	12.32090	0.0439
At most 1	0.051743	1.487631	4.129906	0.2609
Trace test indicates 1 cointegrating eqn（s）at the 0.05 level				
*denotes rejection of the hypothesis at the 0.05 level				
**MacKinnon-Haug-Michelis（1999） p-values				
Unrestricted Cointegration Rank Test（Maximum Eigenvalue）				
Hypothesized		Max-Eigen	0.05	
No. of CE（s）	Eigenvalue	Statistic	Critical Value	Prob.**
None	0.328976	11.17060	11.22480	0.0511
At most 1	0.051743	1.487631	4.129906	0.2609
Max-eigenvalue test indicates no cointegration at the 0.05 level				
*denotes rejection of the hypothesis at the 0.05 level				
**MacKinnon-Haug-Michelis（1999） p-values				
Unrestricted Cointegrating Coefficients（normalized by b' *S11*b=I)：				
Log（PSG）	Log（RGDP2）			
-0.456899	1.510477			
0.632961	-1.029433			
Unrestricted Adjustment Coefficients（alpha)：				
D（Log（PSG））	0.034063	0.003815		
D（Log（RGDP2））	-0.001460	0.005291		
1 Cointegrating Equation（s）：		Log likelihood	109.6428	
Normalized cointegrating coefficients（standard error in parentheses)				
Log（PSG）	Log（RGDP2）			
1.000000	-3.305933			
	(0.38899)			

续表

Adjustment coefficients（standard error in parentheses）				
D（Log（PSG））	-0.015563			
	(0.00470)			
D（Log（RGDP2））	0.000667			
	(0.00213)			

（3）格兰杰因果检验。存在协整关系，表明随机变量的因果关系检验有效，可以用常规的统计量来进行因果关系检验。根据检验结果发现，滞后长度为 1 时，在 5%的置信水平上存在 Log（PSG）到 Log（RGDP2）的双向格兰杰因果关系，检验结果如表 7-7 所示。

表 7-7　Log（RGDP2）和 Log（PSG）的格兰杰因果关系检验结果

Pairwise Granger Causality Tests			
Sample：1978~2008			
Lags：1			
Null Hypothesis：	Obs	F-Statistic	Prob.
Log（RGDP2）does not Granger Cause Log（PSG）	29	5.26178	0.0301
Log（PSG）does not Granger Cause Log（RGDP2）		4.71721	0.0392

在滞后长度为 1 的情况下，对于第一个假设，其 F 统计量为 F=5.26178，相应的概率值 P=0.0301，小于 5%的检验水平，因此拒绝该假设，即 Log（RGDP2）是引起 Log（PSG）变化的格兰杰原因。对于第二个假设，其 F 统计量为 F=4.71721，相应的概率值 P= 0.0392，小于 5%的检验水平，因此在 95%的显著性水平上可以拒绝该假设，即 Log（PSG）是引起 Log（RGDP2）变化的格兰杰原因。

（4）检验结果。根据验算结果，可以推断出第二产业结构变动指标 RGDP2 与生产性服务业发展指标 PSG 之间有如下关系：RGDP2 与 PSG 之间存在着双向格兰杰因果关系，PSG 是导致 RGDP2 变化的格兰杰原因，同时 RGDP2 也是导致 PSG 变化的格兰杰原因。两者之间的格兰杰因果关系如图 7-3 所示。

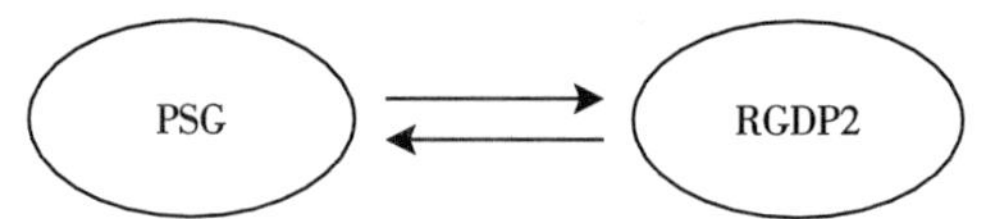

图 7-3 生产性服务业与第二产业结构变动的格兰杰因果关系

三、生产性服务业与第三产业结构

协整检验对因果检验的有效性提供了一个可行的检验方法，若存在协整关系，则表明随机变量的因果关系检验有效，可以用常规的统计量来进行因果关系检验；反之，如果变量不平稳，且不存在协整关系，那么所得出的因果检验结果往往不具有可信度。一般而言，两变量的格兰杰因果检验需要以下两个条件中的一个：一是两变量均平稳；二是两变量间存在协整关系。满足两个条件中的一个即可进行格兰杰因果检验。若两个条件均不满足，则格兰杰因果检验结论是无效的。

非平稳时间序列如果存在单位根，一般可以通过差分或取对数的方法消除单位根，从而使序列平稳化。通过对 PSG 和 RGDP3 两个指标取对数进行 ADF 根检验和协整关系检验，根检验结果显示：对 Log(PSG) 和 Log（RGDP3）序列均是非平稳的。经过协整检验，结果显示：Log（PSG）和 Log（RGDP3）两序列之间不存在协整关系。Log（PSG）和 Log（RGDP3）两序列进行格兰杰检验没有意义。并且，格兰杰检验结果显示，Log（PSG）和 Log（RGDP3）两序列之间不存在格兰杰因果关系。因此，初步判断，生产性服务业发展指标 PSG 与第三产业结构变动指标 RGDP3 之间不存在格兰杰因果关系。

为了进一步验证以上初步的检验结果，下面进一步展开分析。通过差分的方法来消除单位根，从而使序列平稳化，对 PSG 和 RGDP3 序列的一阶差分序列 D（PSG）与 D（RGDP3）进行根检验、协整分析和格兰杰因果检验。

（1）单位根检验。检验结果显示，可以在 95%的置信水平下拒绝原假设，可确定 D（PSG）与 D（RGDP3）两个时间序列是平稳的。如表 7-8 所示。

表 7-8　D（PSG）和 D（RGDP3）的根检验结果

Group unit root test：Summary				
Series：D（PSG，1），D（RGDP3，1）				
Sample：1978~2008				
Exogenous variables：None				
Automatic selection of maximum lags				
Automatic lag length selection based on SIC：0				
and Bartlett kernel				
			Cross-	
Method	Statistic	Prob.**	sections	Obs
Null：Unit root（assumes common unit root process）				
Levin，Lin & Chu t*	2.47988	0.9934	2	57
Null：Unit root（assumes individual unit root process）				
ADF-Fisher Chi-square	13.0579	0.0110	2	57
PP-Fisher Chi-square	13.2194	0.0103	2	57
**Probabilities for Fisher tests are computed using an asymptotic Chi-square distribution. All other tests assume asymptotic normality				

（2）协整分析。以下对 D（PSG）与 D（RGDP3）时间序列进行协整分析，检验结果如下：

协整检验结果中的迹检验表明，在 5%置信水平，协整向量个数为 1。这意味着 D（PSG）与 D（RGDP3）之间至少存在着 1 个协整关系，即两者有着某种长期均衡关系，如表 7-9 所示。

表 7-9　D（PSG）与 D（RGDP3）的协整关系检验结果

Sample（adjusted）：1981~2007				
Included observations：27 after adjustments				
Trend assumption：No deterministic trend				
Series：D（PSG，1），D（RGDP3，1）				
Lags interval（in first differences）：1 to 1				
Unrestricted Cointegration Rank Test（Trace）				
Hypothesized		Trace	0.05	
No. of CE（s）	Eigenvalue	Statistic	Critical Value	Prob.**
None *	0.283154	12.64266	12.32090	0.0442

续表

At most 1	0.126592	3.654529	4.129906	0.0663
Trace test indicates 1 cointegrating eqn (s) at the 0.05 level				
*denotes rejection of the hypothesis at the 0.05 level				
**MacKinnon-Haug-Michelis (1999) p-values				
Unrestricted Cointegration Rank Test (Maximum Eigenvalue)				
Hypothesized		Max-Eigen	0.05	
No. of CE (s)	Eigenvalue	Statistic	Critical Value	Prob.**
None	0.283154	8.988127	11.22480	0.1206
At most 1	0.126592	3.654529	4.129906	0.0663
Max-eigenvalue test indicates no cointegration at the 0.05 level				
*denotes rejection of the hypothesis at the 0.05 level				
**MacKinnon-Haug-Michelis (1999) p-values				
Unrestricted Cointegrating Coefficients (normalized by b' *S11*b=I):				
D (PSG, 1)	D (RGDP3, 1)			
-0.001053	0.806497			
0.001080	0.395599			
Unrestricted Adjustment Coefficients (alpha):				
D (PSG, 2)	-74.79577	113.8817		
D (RGDP3, 2)	-0.587714	-0.210159		
1 Cointegrating Equation (s):		Log likelihood	-236.2583	
Normalized cointegrating coefficients (standard error in parentheses)				
D (PSG, 1)	D (RGDP3, 1)			
1.000000	-765.8934			
	(263.268)			
Adjustment coefficients (standard error in parentheses)				
D (PSG, 2)	0.078761			
	(0.07340)			
D (RGDP3, 2)	0.000619			
	(0.00024)			

(3) 格兰杰因果检验。若存在协整关系，则表明随机变量的因果关系检验有效，可以用常规的统计量来进行因果关系检验。根据检验结果发现，分别对不同滞后长度 Lag=1、Lag=2、Lag=3、Lag=4 进行了检验，结果显示，都不存在格兰杰因果关系。Lag=2 的检验结果如表7-10 所示。

表 7-10　D（RGDP3）和 D（PSG）的格兰杰因果关系检验结果

Pairwise Granger Causality Tests			
Sample：1978-2008			
Lags：2			
Null Hypothesis：	Obs	F-Statistic	Prob.
D（RGDP3，1）does not Granger Cause D（PSG，1）	27	0.16735	0.8470
D（PSG，1）does not Granger Cause D（RGDP3，1）		0.42096	0.6616

在滞后长度为 2 的情况下，对于第一个假设，其 F 统计量为 F= 0.16735，相应的概率值 P=0.8470，大于 10%的检验水平，因此拒绝该假设，即D(RGDP3）不是引起 D(PSG）变化的格兰杰原因。对于第二个假设，其 F 统计量为 F=0.42096，相应的概率值 P= 0.6616，大于 10%的检验水平，无法拒绝该假设，即 D(PSG）不是 D(RGDP3）变化的格兰杰原因。因此，D(RGDP3）和 D(PSG）之间不存在格兰杰因果关系。

（4）检验结果。综合以上检验结果，得出判断：生产性服务业 PSG 和第三产业结构变动 RGDP3 之间不存在格兰杰因果关系。两者之间的格兰杰因果关系如图 7-4 所示。

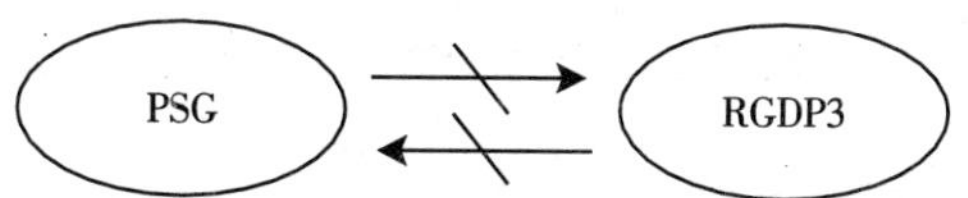

图 7-4　生产性服务业与第三产业结构变动的格兰杰因果关系

生产性服务业与第三产业结构变动之间不存在格兰杰因果关系，并不意味着生产性服务业与第三产业之间没有联系。第三产业包括生产性服务业、消费性服务业、公共服务业，生产性服务业在第三产业中占有重要的地位，对于第三产业的结构变动具有重要的相关性。生产性服务业与第三产业结构变动之间的非因果关系，或许从某种意义上反映了生产性服务业与消费性服务业、公共服务业之间的非因果关系，今后将就这个问题进行深入的研究，这里不展开分析。

四、生产性服务业对中国三次产业结构影响关系模型

以上分别对生产性服务业发展指标 PSG 与第一产业结构变动指标 RGDP1、生产性服务业发展指标 PSG 与第二产业结构变动指标 RGDP2、生产性服务业发展指标 PSG 与第三产业结构变动指标 RGDP3 的格兰杰因果关系进行了检验分析，得出了检验结果。根据以上检验结果，生产性服务业对中国三次产业结构变动影响关系模型如图 7-5 所示。

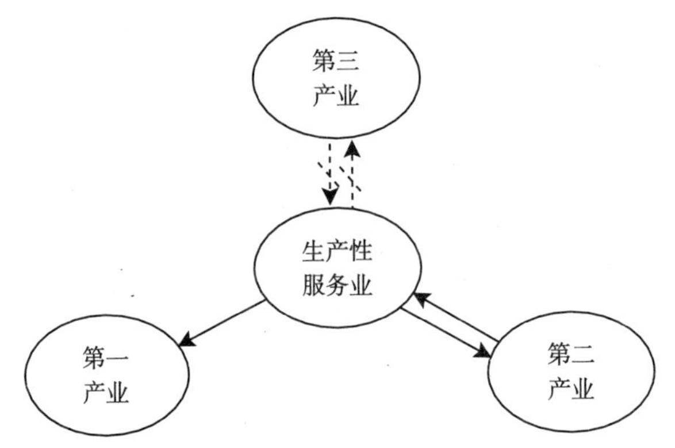

图 7-5　生产性服务业对中国产业结构变动的影响关系模型

生产性服务业发展指标 PSG 是第一产业结构变动指标 RGDP1 的单向因果关系，生产性服务业发展是第一产业结构变动的原因，但第一产业结构变动不是生产性服务业发展的原因；生产性服务业发展指标 PSG 与第二产业结构变动指标 RGDP2 是双向因果关系，生产性服务业发展是第二产业结构变动的原因，第二产业结构变动也是生产性服务业发展的原因；生产性服务业发展指标 PSG 与第三产业结构变动指标 RGDP3 不存在格兰杰因果关系，没有得到统计意义上格兰杰因果关系检验的数据支持，但这并不意味着生产性服务业与第三产业之间没有关系。

第四节 三次产业结构相互关系的实证检验

以上对于 RGDP1、RGDP2 、RGDP3 三组时间序列数据取对数来消除单位根，从而使序列平稳化，经过根检验证明对数化后的时间序列均是平稳的。下面进行协整关系检验和格兰杰因果关系检验，分析三次产业结构之间的相互关系。数据分析使用 Eviews 6.0 软件来进行。

一、第一产业结构与第二产业结构的关系

（1）协整检验。对 Log（RGDP1）和 Log（RGDP2）时间序列进行协整分析，结果如表 7-11 所示。

表 7-11 Log（RGDP1）和 Log（RGDP2）的协整关系检验结果

Sample（adjusted）：1980~2008				
Included observations：29 after adjustments				
Trend assumption：Quadratic deterministic trend				
Series：Log（RGDP1），Log（RGDP2）				
Lags interval（in first differences）：1 to 1				
Unrestricted Cointegration Rank Test（Trace）				
Hypothesized		Trace	0.05	
No. of CE（s）	Eigenvalue	Statistic	Critical Value	Prob.**
None*	0.284460	18.97858	18.39771	0.0415
At most 1*	0.273644	9.271747	3.841466	0.0023
Trace test indicates 2 cointegrating eqn（s）at the 0.05 level				
*denotes rejection of the hypothesis at the 0.05 level				
**MacKinnon-Haug-Michelis（1999）p-values				
Unrestricted Cointegration Rank Test（Maximum Eigenvalue）				
Hypothesized		Max-Eigen	0.05	
No. of CE（s）	Eigenvalue	Statistic	Critical Value	Prob.**
None	0.284460	9.706832	17.14769	0.4249

续表

At most 1*	0.273644	9.271747	3.841466	0.0023
Max-eigenvalue test indicates no cointegration at the 0.05 level				
*denotes rejection of the hypothesis at the 0.05 level				
**MacKinnon-Haug-Michelis (1999) p-values				
Unrestricted Cointegrating Coefficients (normalized by b' *S11*b=I):				
Log (RGDP1)	Log (RGDP2)			
-20.21056	-23.60543			
2.245600	-25.14201			
Unrestricted Adjustment Coefficients (alpha):				
D (Log (RGDP1))	0.013305	-0.022358		
D (Log (RGDP2))	0.003897	0.011123		
1 Cointegrating Equation (s):		Log likelihood	127.8420	
Normalized cointegrating coefficients (standard error in parentheses)				
Log (RGDP1)	Log (RGDP2)			
1.000000	1.167975			
	(0.44203)			
Adjustment coefficients (standard error in parentheses)				
D (Log (RGDP1))	-0.268903			
	(0.19664)			
D (Log (RGDP2))	-0.078760			
	(0.09135)			

协整检验结果中的迹检验表明，在5%的置信水平上协整向量个数为2，Log（RGDP1）和Log（RGDP2）这两个变量间存在两个协整关系，即这两组时间序列之间存在着协整关系。

（2）格兰杰因果检验。根据检验结果发现，滞后长度为1时，在5%的置信水平上存在Log（RGDP1）和Log（RGDP2）的双向格兰杰因果关系。在滞后长度为1的情况下，对于第一个假设，其F统计量为F=10.1340，相应的概率值P=0.0036，小于1%的检验水平，因此拒绝该假设，即Log（RGDP2）是引起Log（RGDP1）变化的格兰杰原因。对于第二个假设，其F统计量为F=5.78917，相应的概率值P=0.0232，小于5%的检验水平，因此在95%的显著性水平上可以拒绝该假设，即可以认为Log（RGDP1）是引起Log（RGDP2）变化的格兰杰原因。Log（RGDP1）和Log（RGDP2）的格兰杰因果关系检验结果如表7-12所示。

表 7-12　Log（RGDP1）和 Log（RGDP2）的格兰杰因果关系检验结果

Pairwise Granger Causality Tests			
Date：07/27/10　Time：14：25			
Sample：1978~2008			
Lags：1			
Null Hypothesis：	Obs	F-Statistic	Prob.
Log（RGDP2）does not Granger Cause Log（RGDP1）	30	10.1340	0.0036
Log（RGDP1）does not Granger Cause Log（RGDP2）		5.78917	0.0232

（3）检验结果。根据结果，可以推断出第一产业结构变动指标 RGDP1 与第二产业结构变动指标 RGDP2 之间有如下关系：RGDP1 与 RGDP2 之间存在着双向格兰杰因果关系，RGDP1 是导致 RGDP2 变化的格兰杰原因，同时 RGDP2 也是导致 RGDP1 变化的格兰杰原因。两者之间的格兰杰因果关系如图 7-6 所示。

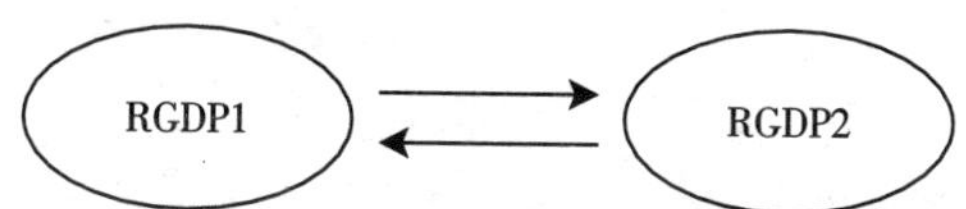

图 7-6　第一产业结构变动与第二产业结构变动的格兰杰因果关系

二、第一产业结构与第三产业结构的关系

（1）协整检验。对 Log（RGDP1）和 Log（RGDP3）两组时间序列进行协整分析，结果如表 7-13 所示。

表 7-13　Log（RGDP1）和 Log（RGDP3）的协整关系检验结果

Sample（adjusted）：1980~2008				
Included observations：29 after adjustments				
Trend assumption：Quadratic deterministic trend				
Series：Log（RGDP1），Log（RGDP3）				
Lags interval（in first differences）：1 to 1				
Unrestricted Cointegration Rank Test（Trace）				
Hypothesized		Trace	0.05	
No. of CE（s）	Eigenvalue	Statistic	Critical Value	Prob.**
None*	0.371908	19.70125	18.39771	0.0327

续表

At most 1*	0.192882	6.214279	3.841466	0.0127
Trace test indicates 2 cointegrating eqn (s) at the 0.05 level				
*denotes rejection of the hypothesis at the 0.05 level				
**MacKinnon-Haug-Michelis (1999) p-values				
Unrestricted Cointegration Rank Test (Maximum Eigenvalue)				
Hypothesized		Max-Eigen	0.05	
No. of CE (s)	Eigenvalue	Statistic	Critical Value	Prob.**
None	0.371908	13.48697	17.14769	0.1579
At most 1 *	0.192882	6.214279	3.841466	0.0127
Max-eigenvalue test indicates no cointegration at the 0.05 level				
*denotes rejection of the hypothesis at the 0.05 level				
**MacKinnon-Haug-Michelis (1999) p-values				
Unrestricted Cointegrating Coefficients (normalized by b' *S11*b=I):				
Log (RGDP1)	Log (RGDP3)			
-16.30933	12.18510			
8.882127	11.83186			
Unrestricted Adjustment Coefficients (alpha):				
D (Log (RGDP1))	0.015581	-0.018357		
D (Log (RGDP3))	-0.019597	-0.000838		
1 Cointegrating Equation (s):		Log likelihood	115.1798	
Normalized cointegrating coefficients (standard error in parentheses)				
Log (RGDP1)	Log (RGDP3)			
1.000000	-0.747125			
	(0.26380)			
Adjustment coefficients (standard error in parentheses)				
D (Log (RGDP1))	-0.254117			
	(0.15462)			
D (Log (RGDP3))	0.319618			
	(0.08502)			

协整检验结果中的迹检验表明，在5%的置信水平上协整向量个数为2，Log（RGDP1）和Log（RGDP3）这两个变量间存在两个协整关系，即这两组时间序列之间存在着协整关系。

（2）格兰杰因果检验。根据检验结果发现，滞后长度为1时，在5%的置信水平上存在Log（RGDP3）至Log（RGDP1）的单向格兰杰因果关系，结果如表7-14所示。根据结果，对于第一个假设，其F统计量为 F=7.29794，相应的概率值 P=0.0118，小于 5%的检验水平，因此拒绝该假设，即 Log（RGDP3）是引起 Log（RGDP1）变化的格兰杰原因。对于第二个假设，其 F 统计量为 F=1.91095，相应的概率值 P=0.1782，大于 10%的检验水平，不能拒绝该假设，即可以认为 Log（RGDP1）不是引起 Log（RGDP3）变化的格兰杰原因。如表 7-14 所示。

表 7-14　Log（RGDP1）和 Log（RGDP3）的格兰杰因果关系检验结果

Pairwise Granger Causality Tests			
Sample：1978~2008			
Lags：1			
Null Hypothesis：	Obs	F-Statistic	Prob.
Log（RGDP3）does not Granger Cause Log（RGDP1）	30	7.29794	0.0118
Log（RGDP1）does not Granger Cause Log（RGDP3）		1.91095	0.1782

（3）检验结果。根据结果，可以推断出第一产业结构变动指标 RGDP1 与第三产业结构变动指标 RGDP3 之间有如下关系：RGDP1 与 RGDP3 之间存在着单向格兰杰因果关系，RGDP3 是导致 RGDP1 变化的格兰杰原因，但是 RGDP1 不是导致 RGDP3 变化的格兰杰原因。两者之间的格兰杰因果关系如图 7-7 所示。

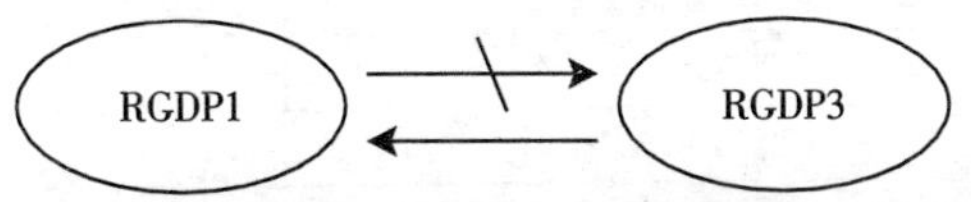

图 7-7　第一产业结构变动与第三产业结构变动的格兰杰因果关系

三、第二产业结构与第三产业结构的关系

（1）协整检验。对 Log（RGDP2）和 Log（RGDP3）两组时间序列进行协整分析，协整检验结果中的迹检验表明，在 5%的置信水平上协整向量个数为 2，Log（RGDP2）和 Log（RGDP3）这两个变量间存在两个协整关系，即这两组时间序列之间存在着协整关系。协整检验结果如表 7-15 所示。

表 7-15 Log（RGDP2）和 Log（RGDP3）的协整关系检验结果

Sample（adjusted）：1979~2008				
Included observations：30 after adjustments				
Trend assumption：Quadratic deterministic trend				
Series：Log（RGDP2），Log（RGDP3）				
Lags interval（in first differences）：No lags				
Unrestricted Cointegration Rank Test（Trace）				
Hypothesized		Trace	0.05	
No. of CE（s）	Eigenvalue	Statistic	Critical Value	Prob.**
None*	0.534795	27.78031	18.39771	0.0018
At most 1*	0.148481	4.822001	3.841466	0.0281
Trace test indicates 2 cointegrating eqn（s）at the 0.05 level				
*denotes rejection of the hypothesis at the 0.05 level				
**MacKinnon-Haug-Michelis（1999）p-values				
Unrestricted Cointegration Rank Test（Maximum Eigenvalue）				
Hypothesized		Max-Eigen	0.05	
No. of CE（s）	Eigenvalue	Statistic	Critical Value	Prob.**
None*	0.534795	22.95831	17.14769	0.0064
At most 1*	0.148481	4.822001	3.841466	0.0281
Max-eigenvalue test indicates 2 cointegrating eqn（s）at the 0.05 level				
*denotes rejection of the hypothesis at the 0.05 level				
**MacKinnon-Haug-Michelis（1999）p-values				
Unrestricted Cointegrating Coefficients（normalized by b' *S11*b=I）:				
Log（RGDP2）	Log（RGDP3）			
29.37377	12.99528			
4.103708	-12.80196			
Unrestricted Adjustment Coefficients（alpha）:				
D（Log（RGDP2））	-0.003010	-0.008637		
D（Log（RGDP3））	-0.028822	0.006484		
1 Cointegrating Equation（s）:		Log likelihood	135.0314	
Normalized cointegrating coefficients（standard error in parentheses）				
Log（RGDP2）	Log（RGDP3）			
1.000000	0.442411			
	(0.08846)			
Adjustment coefficients（standard error in parentheses）				
D（Log（RGDP2））	-0.088408			
	(0.12769)			
D（Log（RGDP3））	-0.846606			
	(0.17928)			

（2）格兰杰因果检验。根据检验结果发现，滞后长度为 1 时，在 5%的置信水平上存在 Log（RGDP3）至 Log（RGDP2）的双向格兰杰因果关系。对于第一个假设，其 F 统计量为 F=5.92705，相应的概率值 P=0.0218，小于 5%的检验水平，因此拒绝该假设，即 Log（RGDP3）是导致 Log（RGDP2）变化的格兰杰原因。对于第二个假设，其 F 统计量为 F=4.02971，相应的概率值 P=0.0448，小于 5%的检验水平，拒绝该假设，即可以认为 Log（RGDP2）是导致 Log（RGDP3）变化的格兰杰原因。格兰杰因果检验结果如表 7-16 所示。

表 7-16 Log（RGDP2）和 Log（RGDP3）的格兰杰因果关系检验结果

Pairwise Granger Causality Tests			
Sample：1978~2008			
Lags：1			
Null Hypothesis:	Obs	F-Statistic	Prob.
Log（RGDP3）does not Granger Cause Log（RGDP2）	30	5.92705	0.0218
Log（RGDP2）does not Granger Cause Log（RGDP3）		4.02971	0.0448

（3）检验结果。根据检验结果，可以推断出第二产业结构变动指标 RGDP2 与第三产业结构变动指标 RGDP3 之间有如下关系：RGDP2 与 RGDP3 之间存在着双向格兰杰因果关系，RGDP3 是导致 RGDP2 变化的格兰杰原因，同时 RGDP2 也是导致 RGDP3 变化的格兰杰原因。两者之间的格兰杰因果关系如图 7-8 所示。

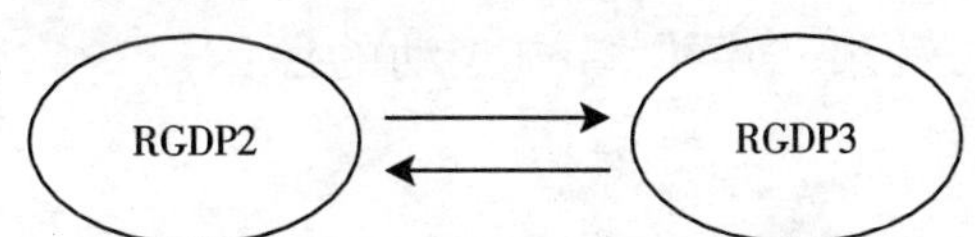

图 7-8 第二产业结构变动与第三产业结构变动的格兰杰因果关系

四、中国三次产业结构变动的相互影响关系模型

以上分别对第一产业结构变动指标 RGDP1 与第二产业结构变动指

标 RGDP2、第一产业结构变动指标 RGDP1 与第三产业结构变动指标 RGDP3、第二产业结构变动指标 RGDP2 与第三产业结构变动指标 RGDP3 进行格兰杰因果关系检验。根据检验结果，中国三次产业结构变动的影响关系模型如图 7-9 所示。

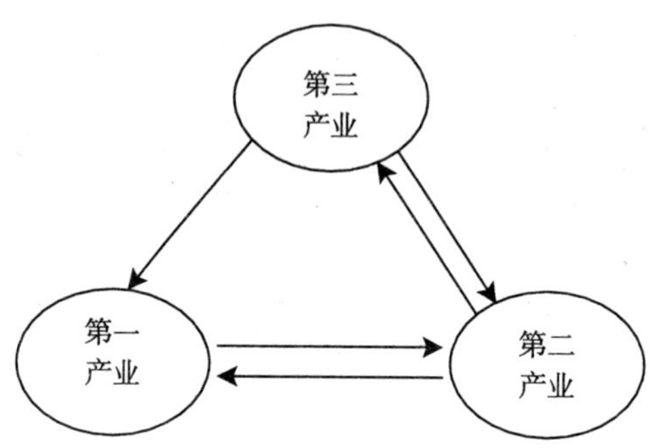

图 7-9　中国三次产业结构变动的影响关系模型

第一产业结构变动指标 RGDP1 和第二产业结构变动指标 RGDP2 之间具有双向的格兰杰因果关系，第一产业结构变动是第二产业结构变动的原因，第二产业结构变动也是第一产业结构变动的原因；第一产业结构变动指标 RGDP1 和第三产业结构变动指标 RGDP3 之间具有单向的格兰杰因果关系，第一产业结构变动不是第三产业结构变动的原因，但第三产业结构变动是第一产业结构变动的原因；第二产业结构变动指标 RGDP2 和第三产业结构变动指标 RGDP3 之间具有双向的格兰杰因果关系，第二产业结构变动是第三产业结构变动的原因，第三产业结构变动也是第二产业结构变动的原因。

第五节　生产性服务业对产业结构变动的影响机制模型

根据以上生产性服务业与中国三次产业结构变动的格兰杰因果关

系，以及中国三次产业结构变动之间的格兰杰因果关系，分析推断这几者之间的相互关系，可以形成生产性服务业对中国三次产业结构变动的影响机制模型，如图 7-10 所示。根据该影响机制模型，生产性服务业与中国三次产业结构变动之间具有重要的格兰杰因果关系，三次产业结构变动之间具有相互作用的格兰杰因果关系。

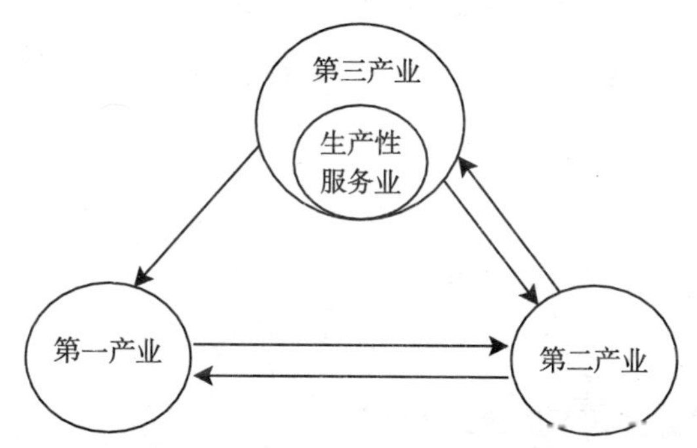

图 7-10　生产性服务业对中国三次产业结构变动的影响机制模型

根据上述检验结果，初步分析如下：

（1）农业与工业之间的关系为双向因果关系，即农业或工业的发展都将促进对方的发展。可以从以下两个方面来解释：第一，当农业产品产出已满足最低生存需求，足以推动经济的发展时，而且为生产工业产品所放弃的农业生产投入的机会成本降低，在技术转移的作用下，农业产品投入的产出效率提高，使得生产特定工业产品所需的农业产品的数量降低。随着农业产品投入的产出效率提高，收入的增长逐渐接近生存需求，农业产品投入的边际产出效用开始降低，众多的农业产出剩余转向工业投入。那么，第一产业对第二产业的发展起到推动效用。第二，当农业对工业的不断扶持，使工业生产领域的技术水平得到提高。生产工业产品所放弃的农业产品投入的机会成本降低，因此农业生产与工业生产的边际转换率降低。农业产品和工业产品的边际替代率相对提高，更多的生产性投入开始由工业转向农业。那么，第二产业对第一产业的发展形成拉动效用。

（2）农业与服务业之间是单向的因果关系，农业的发展无法从根本上成为服务业发展的原因，但服务业的发展是促进农业发展的原因。第三产业的发展可以为第一产业的发展提供金融服务、物流服务、科技服务、管理服务、信息服务等生产性服务，带动农业人口向城镇的转移，提高第一产业的生产率。第三产业的发展对第一产业的发展起巨大的促进作用。

（3）工业与服务业之间是双向的格兰杰因果关系，即工业的发展会促进服务业的发展，服务业的发展也会促进工业的发展；从另外一个方面理解，工业的发展离不开生产性服务业，生产性服务业的发展也离不开工业。美国金融危机的实质就是过度依赖生产性服务业的发展，忽视了工业与服务业之间的双向因果关系。因此，走新型工业化道路，中国不仅要发展制造业、加快制造业升级，还要促进传统服务业向现代服务业转变，加速生产性服务业的发展。制造业的发展可以带动物流、资金流、信息流、技术流，促进商业服务业、物流服务业、金融服务业、科技服务业、信息服务业等产业的发展，增加劳动就业和促进消费，带动经济的全面协调可持续发展。制造业升级是发展生产性服务业的基础。制造业与服务业要协调发展，相辅相成、相互促进，形成良性互动。

（4）生产性服务业在第三产业中占有重要的地位，它与消费性服务业、公共服务业都是第三产业的重要组成部分，对第三产业的结构变动具有重要的相关性。生产性服务业与第三产业结构变动之间的非因果关系，或许从某种意义上反映了生产性服务业与消费性服务业、公共服务业之间的非因果关系，今后将就这个问题进一步深入分析。

现实情况中，产业结构变动与生产性服务业之间的相互关系及影响机制是很复杂的。虽然本书通过格兰杰因果关系检验所推导出的结论只是统计意义上的因果关系，但检验结果可以作为现实因果关系的有力支持。

第六节　本章结论

根据以上检验结果分析，可以得出以下判断：①生产性服务业发展指标 PSG 和第一产业结构变动指标 RGDP1 之间具有单向格兰杰因果关系，生产性服务业是导致第一产业结构变动的格兰杰原因，但是第一产业结构变动不是导致生产性服务业发展的格兰杰原因。因此，假设 1 的前半部分成立，后半部分不成立。②生产性服务业发展指标 PSG 和第二产业结构变动指标 RGDP2 之间具有双向格兰杰因果关系，生产性服务业是导致第二产业结构变动的格兰杰原因，并且第二产业结构变动也是导致生产性服务业发展的格兰杰原因。因此，假设 2 成立。③生产性服务业发展指标 PSG 和第三产业结构变动指标 RGDP3 之间不具有格兰杰因果关系，生产性服务业不是导致第三产业结构变动的格兰杰原因，并且第三产业结构变动也不是导致生产性服务业发展的格兰杰原因。因此，假设 3 不成立。④第一产业结构变动指标 RGDP1 和第二产业结构变动指标 RGDP2 之间具有双向的格兰杰因果关系，第一产业结构变动是导致第二产业结构变动的格兰杰原因，并且第二产业结构变动也是导致第一产业结构变动的格兰杰原因。因此，假设 4 成立。⑤第一产业结构变动指标 RGDP1 和第三产业结构变动指标 RGDP3 之间具有单向的格兰杰因果关系，第一产业结构变动不是第三产业结构变动的格兰杰原因，但第三产业结构变动是第一产业结构变动的格兰杰原因。因此，假设 5 的前半部分不成立，后半部分成立。⑥第二产业结构变动指标 RGDP2 和第三产业结构变动指标 RGDP3 之间具有双向的格兰杰因果关系，第二产业结构变动是导致第三产业结构变动的格兰杰原因，并且第三产业结构变动也是导致第二产业结构变动的格兰杰原因。因此，假设 6 成立。

综上所述，生产性服务业与中国三次产业结构之间具有较为复杂的相互关系。生产性服务业是第一产业结构变动的原因，但第一产业产业结构变动不是生产性服务业发展的原因。生产性服务业与第二产业结构变动是相互促进的关系，生产性服务业发展是第二产业结构变动的原因，第二产业结构变动也是生产性服务业发展的原因。生产性服务业发展与第三产业结构变动的格兰杰因果关系没有得到检验数据的支持。当前，中国产业结构调整要加快发展服务业，提高服务业在三次产业结构中的比重，尽快使服务业成为国民经济的主导产业。这是推进经济结构调整、加快经济发展方式转变的必由之路，是有效提高资源利用效率的迫切需要，是实现综合国力整体跃升的有效途径。同时，由于第二产业和第三产业是双向的因果关系，意味着在大力发展第三产业的同时，必须注重与第二产业之间的协调发展。这对于处理好发展实体经济与发展虚拟经济的相互关系，或许具有重要的决策参考意义。

第八章　生产性服务业结构变动与中国制造业升级的关系分析

生产性服务业已成为西方发达国家产业结构中增长最快的部门，近几十年来，美国等发达国家的制造业中间投入部分的生产性服务业所占比重不断升高，制造业和服务业相互融合发展的趋势非常明显。关于生产性服务业与制造业关系的研究，大多数学者认为，生产性服务业与制造业之间是双向互动关系，制造业的发展需要生产性服务业的支撑，生产性服务业的发展又推动着制造业的提升，任何一方发展滞后将使另一方受到制约。当前，中国正在进行的产业结构调整和制造业升级，为生产性服务业发展提供了机遇。对于生产性服务业结构变化与制造业升级之间的相互关系研究，目前没有检索到这方面的专门文献。本部分应用定量研究方法，对生产性服务业结构变动与制造业升级的相互关系展开分析。

第一节　假设提出

迈克尔·波特在《竞争战略》一书中提出，如果在一种价值活动中使用的技术被广泛应用，这种技术就是整个产业结构的重要决定因素。技术变革的扩散不仅能潜在地影响五种竞争力量的任何一种，而且可以改善或侵蚀产业的吸引力。对任何一个企业来说，即使技术不会带来竞争优势，也可以影响企业的利润潜力；相反，改善一个企业竞争优势的技术变革被模仿时，也可以损坏产业结构。技术变革对产业结构的潜在影响，意味着一个企业不能在没有考虑各种结构性影响的情况下制定技术战略。[①] 发达国家的经验表明，制造业发展到一定阶段后，提升附加值和核心竞争力必须更多地依靠生产性服务业的支撑。制造业升级是指制造业由低技术水平、低附加值发展模式向高技术水平、高附加值发展模式演变的过程，主要包括部门内升级、部门间升级和制造业发展方式升级。部门内升级具体包括制造过程升级、产品升级和功能升级等方面；部门间升级是将由新知识转化成的新产品、新技术、新工艺注入到产业活动和市场竞争中去，实现产业的更新换代；制造业发展方式升级是指由粗放式的外延型发展方式向集约式的内涵型发展方式的转换、由主要依靠外部力量型发展方式向主要依靠自主力量型发展方式的转变。

生产性服务业对制造业升级的影响关系，可以从外部化和专业化两个方面进行研究。按外部化和专业化分工，生产性服务业可分为外部化产业和专业技术化产业两类。外部化产业包括金融服务、商务服务等；专业技术化产业包括科研、物流、信息服务等产业。生产性服务业的外部化作用首先表现为规模效应促进制造业的现代化，扩大生产规模，降低生产成本，能够促进制造业产值的积累。依据经济学理论，可以从以下四个方面进行解释：①社会分工的角度，如大卫·李嘉图的比较优势理论、赫克歇尔—俄林的资源禀赋理论；②规模经济的角度，如克鲁格曼的新贸易理论认为产业内分工贸易的利益来自规模经济；③交易成本的角度，如科斯的交易费用理论、威廉姆斯以及坎德兰逊和张五常等人关于市场与科层之间关系的理论；④企业管理的角度，如迈克尔·波特的竞争战略理论、企业核心能力的理论、供应链及价值链理论等。

---

① 迈克尔·波特：《竞争战略》，中国经济出版社 1988 年版。

制造业对于生产性服务业的影响机理，可以主要从以下角度进行分析：随着制造业产业链分工的深化，制造业对生产性服务业的要求也会越来越高，从而促进生产性服务业的发展。生产性服务业的增长要依靠制造业部门中间投入的增加，也就是说，生产性服务业的发展是建立在制造业生产需求的基础上的。制造业在规模扩大、专业技术化分工深化和交易成本降低的共同作用下，促进产业价值链的形成和整个产业的升级，带动了生产性服务业的发展。生产性服务业的发展为制造业提供专业、深化的专门性服务，提高制造业的技术含量，促使制造业的发展升级。

综上所述，提出以下假设。假设 A：生产性服务业结构增长可以促进制造业升级；假设 B：制造业升级可以促进生产性服务业结构增长。下面通过定量研究的方法，利用格兰杰因果关系检验对这两个假设进行实证分析。

第二节　指标选取与数据来源

一、制造业升级指标

对于制造业升级的评价指标，反映工业内部产业结构演进的高度化程度可以用霍夫曼比例指标；反映工业化中由以原材料为重心转向以加工组装为重心的演进程度可以用工业加工程度指标；反映由劳动资金密集型转向技术密集型的演进程度可以用智力技术密集型集约化程度指标；反映电子信息等新兴产业和高新技术产业可以用新兴产业产值比重指标，以及产业创新指标、产业开放度指标、产业成长度指标、工业制成品占出口的比重、工业内部利润平均化程度、单位 GDP

能耗，等等。借鉴工业制成品占出口比重指标，本书选取出口货物中工业制成品与出口货物中初级产品的比值作为制造业升级系数（PIU），公式如下：

$$制造业升级系数 = \frac{出口货物的工业制成品}{出口货物的初级产品} \tag{8-1}$$

根据《中国统计年鉴》，将有关数据进行计算，可以得出制造业升级系数的时间序列数据，结果如表 8-1 所示。

表 8-1　中国出口货物分类与制造业升级系数（1980~2008 年）

年份	总额	初级产品	工业制成品	未分类的其他商品	制造业升级系数
1980	181.19	91.14	90.05	2.07	0.988
1985	273.50	138.28	135.22	34.13	0.978
1990	620.91	158.86	462.05	116.25	2.909
1991	719.10	161.45	556.98	136.55	3.450
1992	849.40	170.04	679.36		3.995
1993	917.44	166.66	750.78		4.505
1994	1210.06	197.08	1012.98	0.12	5.140
1995	1487.80	214.85	1272.95	0.06	5.925
1996	1510.48	219.25	1291.23	0.12	5.889
1997	1827.92	239.53	1588.39	0.04	6.631
1998	1837.09	204.89	1632.20	0.05	7.966
1999	1949.31	199.41	1749.90	0.09	8.775
2000	2492.03	254.60	2237.43	2.21	8.788
2001	2660.98	263.38	2397.60	5.84	9.103
2002	3255.96	285.40	2970.56	6.48	10.410
2003	4382.28	348.12	4034.16	9.56	11.590
2004	5933.26	405.49	5527.77	11.12	13.630
2005	7619.53	490.37	7129.16	16.06	14.540
2006	9689.36	529.19	9160.17	23.15	17.310
2007	12177.76	615.09	11562.67	21.76	18.800
2008	14306.93	779.57	13527.36	17.10	17.350

资料来源：根据《中国统计年鉴 2009》有关数据进行计算得出。

二、生产性服务业结构变动指标

这里采用生产性服务业增加值占国内生产总值的比重作为生产性服务业结构指标。由于统计口径和数据可得性等原因，以交通运输、仓储和邮政服务业及金融业作为中国生产性服务业的代表行业。根据《中国统计年鉴 2009》对这几个行业增加值的汇总数据进行计算，可以得出 1990~2008 年生产性服务业结构发展趋势。

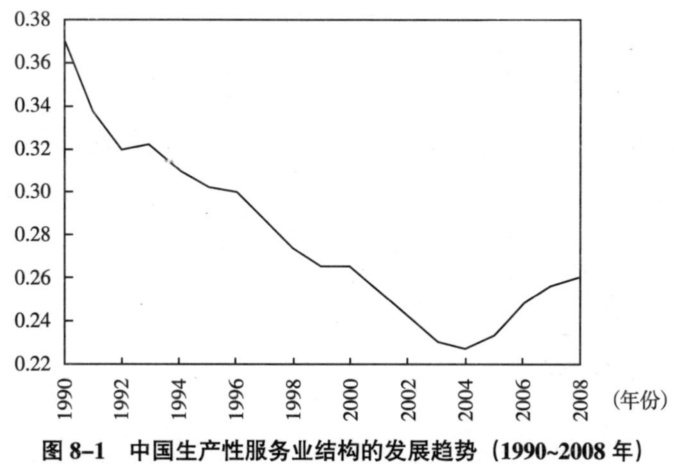

图 8-1　中国生产性服务业结构的发展趋势（1990~2008 年）

三、数据来源

本书所使用的数据来源于国家统计局发布的《中国统计年鉴 2009》和《中国第三产业统计年鉴 2008》，样本数据取自 1990~2008 年的数据。

第三节 实证检验

本书实证部分的研究思路是首先检验时间序列数据的单位根检验变量的平稳性，如不平稳就取对数或差分，进行平稳化处理；当变量均为同阶单整变量时，采用协整检验以判别变量间是否存在长期均衡关系；如果变量间存在长期均衡关系，应用格兰杰检验其因果关系。使用 Eviews 6.0 软件进行数据分析。

根据 ADF 根检验结果，发现 PSI 和 PIU 序列均为非平稳序列，其一阶差分序列均为平稳序列。根据格兰杰因果检验理论，如果序列之间是协整的，那么至少存在一个方向上的格兰杰原因，非协整的非平稳序列之间的任何原因的推断都是无效的。下面首先进行协整关系检验。

一、协整检验

对 PSI 和 PIU 两个指标的对数时间序列进行协整分析，结果如表 8-2 所示。

表 8-2 Log（PSI）和 Log（PIU）协整关系分析结果

Sample（adjusted）：1992~2008				
Included observations：17 after adjustments				
Trend assumption：Linear deterministic trend				
Series：Log（PSI），Log（PIU）				
Lags interval（in first differences）：1 to 1				
Unrestricted Cointegration Rank Test（Trace）				
Hypothesized		Trace	0.05	
No. of CE（s）	Eigenvalue	Statistic	Critical Value	Prob.**
None*	0.746701	31.92845	15.49471	0.0001
At most 1*	0.396470	8.584301	3.841466	0.0034

续表

Trace test indicates 2 cointegrating eqn (s) at the 0.05 level				
*denotes rejection of the hypothesis at the 0.05 level				
**MacKinnon-Haug-Michelis (1999) p-values				
Unrestricted Cointegration Rank Test (Maximum Eigenvalue)				
Hypothesized		Max-Eigen	0.05	
No. of CE (s)	Eigenvalue	Statistic	Critical Value	Prob.**
None*	0.746701	23.34415	14.26460	0.0014
At most 1*	0.396470	8.584301	3.841466	0.0034
Max-eigenvalue test indicates 2 cointegrating eqn (s) at the 0.05 level				
*denotes rejection of the hypothesis at the 0.05 level				
**MacKinnon-Haug-Michelis (1999) p-values				
Unrestricted Cointegrating Coefficients (normalized by b' *S11*b=I):				
Log (PSI)	Log (PIU)			
8.920137	3.804794			
18.97935	3.017211			
Unrestricted Adjustment Coefficients (alpha):				
D (Log (PSI))	-0.000199	-0.015613		
D (Log (PIU))	-0.178676	-0.024875		
1 Cointegrating Equation (s):		Log likelihood	53.10322	
Normalized cointegrating coefficients (standard error in parentheses)				
Log (PSI)	Log (PIU)			
1.000000	0.426540			
	(0.03912)			
Adjustment coefficients (standard error in parentheses)				
D (Log (PSI))	-0.001777			
	(0.06135)			
D (Log (PIU))	-1.593813			
	(0.27539)			

上述协整检验结果中的迹检验与最大特征根检验均表明，Log (PSI) 和 Log (PIU) 这两个变量间至少存在两个协整关系。根据表 8-2 可知，在 5%的置信水平上协整向量个数为 2。这意味着 PSI 与 PIU 两组时间序列之间存在着协整关系，即两者有着某种长期均衡关系。

二、格兰杰检验

根据 Geweke 分解检验的原理，利用计量经济学软件 Eviews 6.0，这里对 PIU 和 PSI 的格兰杰因果关系进行实证检验分析。根据实证检验的结果发现，滞后长度为 2 时，存在 Log（PIU）到 Log（PSI）的双向格兰杰因果关系，结果如表 8–3 所示。

表 8–3　Log（PSI）和 Log（PIU）格兰杰因果关系分析结果

Pairwise Granger Causality Tests			
Sample：1990~2008			
Lags：2			
Null Hypothesis：	Obs	F-Statistic	Prob.
Log（PIU）does not Granger Cause Log（PSI）	17	3.91533	0.0491
Log（PSI）does not Granger Cause Log（PIU）		5.26521	0.0228

在滞后长度为 2 的情况下，对于第一个假设，其 F 统计量为 F=3.91533，相应的概率值 P=0.0491，小于 5%的检验水平，因此拒绝该假设，即 Log（PIU）是引起 Log（PSI）变化的格兰杰原因。对于第二个假设，其 F 统计量为 F=5.26521，相应的概率值 P= 0.0228，小于 5%的检验水平，因此在 95%的显著性水平上可以拒绝该假设，即可以认为 Log（PSI）是引起 Log（PIU）变化的格兰杰原因。

三、检验结果与原因分析

根据验算结果，我们可以推断出制造业升级系数 PIU 与生产性服务业结构变动指标 PSI 之间有如下关系：PIU 与 PSI 之间存在着双向格兰杰因果关系，即 PIU 是导致 PSI 变化的格兰杰原因，而 PSI 也是导致 PIU 变化的格兰杰原因。

生产性服务业发展与制造业升级的格兰杰因果关系如图 8–2 所示。

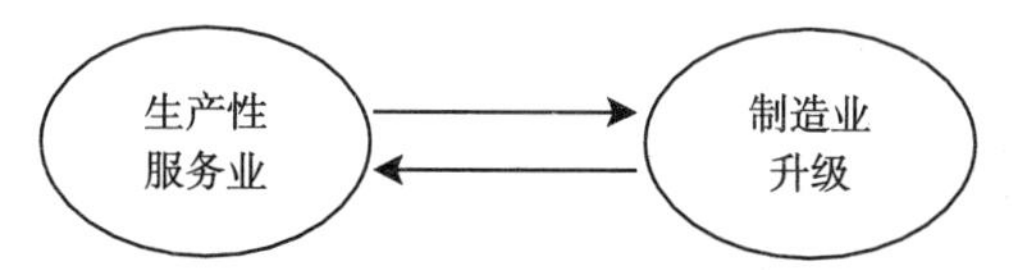

图 8-2　生产性服务业与制造业升级的格兰杰因果关系

制造业升级是从生产性服务部门中吸收技术、人力资本、知识资本等要素，从传统的粗放式增长模式向集约型的内生增长模式转变，使制造业边际收益呈递增趋势。根据价值链理论，生产活动分为产品开发、采购管理、生产加工、产品发运、市场营销和售后服务等上游、中游、下游三个环节。在这三个环节中，在上游、下游这两个环节集中的基本上都属于生产性服务业。根据两部门视角下制造业升级理论，制造业利用生产性服务业来完成自身增长方式转变和升级从而使生产力得到提高。生产性服务业能够为制造业升级提供所需的人力资本和知识资本等要素，而人力资本和知识资本等要素在制造业的投入，能够使制造业成为依靠技术进步作为其发展的内生因素。在分工深化使传统的制造业分裂为两个相对独立的现代制造业和生产性服务业的同时，也使得制造业生产过程的中间投入种类变多。但对于制造业本身来说，复杂的中间投入种类越多，生产力就会越高，有利于制造业向更高层次深化，而分工的深化被认为是生产率提高的基础和源泉。生产性服务业的形成，为制造业升级提供了可靠的基础和升级的动力。

生产性服务业对制造业升级的作用机理，表现在以下六个方面：

（1）生产性服务业与制造业存在显著的关联性。生产性服务业的关联效应，表现在生产性服务业对制造业有较大的影响。因为工业化中后期阶段的生产性服务业主要为第二产业服务，而制造业在第二产业中占很大比重。实证结果表明，我国生产性服务业和制造业行业的关联性显著地影响了我国生产性服务业当前阶段的发展。这种关联性既体现在制造业行业集聚效应方面，又体现在制造业行业的大规模中间需求方面，制造业对生产性服务业的需求同时还存在着明显的行业差异性。[①]

（2）生产性服务业能够降低交易成本，提高制造业的资源配置效率。社会分工和专业化顺利开展、迂回化生产不断深化的关键在于完善制度环境、降低交易成本，生产性服务业发挥着十分重要的作用。它通过交易方式和交易技术的变革，不断减少市场交易中的费用。商业、交通、通信等流通服务业通过建立市场网络，在集中固定的生产与分散变动的需求之间架起桥梁，将空间和时间上分割的市场联结起来，扩大了交易网络的延伸范围，扩大了市场规模。金融业所主导的产业资本和商业资本流动，也是规模不断扩大的商品生产得以流畅循环的重要中间环节。商务服务业中的广告等，为搜索交易对象、获取可靠的交易信息提供了便利，降低了交易的搜寻成本。在市场经济制度日益规范和复杂化的环境下，会计、审计、法律、税务等逐渐从企业内部分离出来，专业化发展，有效地帮助企业规避经营风险，降低了交易的执行成本。[②]

（3）生产性服务业能够有效地满足制造业的服务要求。在制造业的研发、设计、生产、营销及售后服务等产业链的各个环节上，构成一个完整的业务流程，在制造业的产前、产中及产后服务中起着增加价值、实现价值的重要作用。根据微笑曲线原理，参与分工合作的企业，由生产最终产品转变为依据各自的要素禀赋，只完成最终产品形成过程中某个环节的工作。最终产品的生产，经过市场调研、创意形成、技术研发、模块制造与组装加工、市场营销、售后服务等环节，形成了一个完整的价值链。在工业产品的附加值构成中，中间的制造环节的比重越来越小，附加值更多体现在两端的设计与销售环节，服务业特别是物流、营销、研发、人力资源开发、信息服务、金融保险服务、财务法律中介等生产性服务业的比重越来越大。

---

① 陈健、史修松：《产业关联、行业异质性与生产性服务业发展》，《产业经济研究》，2008 年第 6 期。
② 邓丽姝：《对生产性服务业与制造业升级的理论探讨》，《经济论坛》，2010 年第 2 期。

（4）生产性服务业促进了制造业效率的提高。生产者服务业作为高级要素投入，其发展降低了制造业的生产成本，提升了制造业竞争力。生产者服务业的扩张促进了制造业的整体效率提高，交通运输、仓储和邮电、通信业对劳动密集型行业的影响最为明显；资本密集型行业的效率提升在很大程度上受金融保险业发展的影响；科学研究对制造业的影响具有滞后性，它与当年制造业的效率呈负相关，但可以提升次年制造业的竞争力，并且对技术密集型行业的影响最大。①生产性服务业的发展促进了制造业效率的提高，其中以金融业的影响作用最为明显。交易成本是生产性服务业促进制造业效率提升的中介变量，但生产制造成本并没有通过中介效应的检验。②

（5）生产性服务业可以提高制造业的附加值和竞争力。生产性服务业内含的知识资本、技术资本和人力资本已成为提升制造业竞争力的重要中间投入，是某些行业提升其竞争力的最主要的中间投入；生产性服务业各行业对制造业各行业竞争力的提升作用存在差异，金融保险业对纺织服装业、汽车制造业竞争力的提升作用最大，而商务服务业对计算机制造业的提升作用最大。③基于中国投入产出数据的实证研究发现，信息通信服务、金融服务、科教文卫服务对制造业升级的支撑作用较大，而商贸和交通运输作用相对较小。④

（6）生产性服务业通过促进技术创新，以促进制造业升级。生产性服务业多为技术密集型、知识密集型产业，其产出中伴随大量的知识资本和人力资本，技术被引入生产过程。企业通过生产性服务，引进了新技术和新知识，促进了技术服务和研发活动，提高了企业核心竞争力。

---

① 江静、刘志彪、于明超：《生产者服务业发展与制造业效率提升》，《世界经济》，2007 年第 8 期。
② 冯泰文：《生产性服务业的发展对制造业效率的影响》，《数量经济技术经济研究》，2009 年第 3 期。
③ 汪斌、金星：《生产性服务业提升制造业竞争力的作用分析》，《技术经济》，2007 年第 1 期。
④ 虞卓然：《影响生产性服务业发展的因子分析》，《现代商业》，2009 年第 36 期。

第四节　发展生产性服务业与制造业升级的关键

生产性服务业结构变动与制造业升级之间具有互为因果、相互促进的影响关系，科技服务、信息服务、金融服务、物流服务、商务服务等生产性服务业是技术创新的重要基础与核心；创新是产业结构理论的内在本质，人类社会发展进步的动力来自人类自身需求和生产力发展的推动。人类在低层次的需求被满足后，就会产生新的高层次需求，人类自身的需求发展和生产力发展推动了产业结构的发展。当前，加快建立企业自主创新体系，是中国发展生产性服务业和制造业升级的关键纽带。

（1）自主创新能力是国家竞争力的核心，是企业生存和发展的关键。“提高企业自主创新能力，建设创新型国家”是中共十七大提出的一项基本国策。企业自主创新是依靠企业的研究开发力量，进行技术的研究开发及其他创新活动拥有自主知识产权的独特核心技术，并在此基础上实现新产品价值的过程。企业自主创新包括原始创新、集成创新和引进消化吸收再创新。国家能否在国际竞争中长久地保持优势，取决于科技进步的速度与自主创新的能力，取决于经济发展是否具有可持续性。企业自主创新在国家自主创新体系中的作用日益显著，应成为自主创新的主体。纵观世界各国的经济发展历程，大多数创新不是技术进步引发的，而是市场需求或生产需求激发的。国家的繁荣几乎全部来自企业技术，只有国家中大量企业的自主创新能力得到提升，国家整体创新能力才能得到增强。本质上讲，企业创新是把技术进行商业化的过程，也是企业追求利润并创造社会财富的过程。

（2）提高企业自主创新能力是促进经济发展方式转变的关键。随着经济全球化进程的加快，创新和技术进步成为当前经济发展的主要动力。从美国经济增长的经验看，1909~1949 年，其单位时间产出增长的 80%以上归功于技术进步，而不是传统意义上的资本积累和劳动增加。从创新系统理论的发展历程看，自 1942 年熊彼特提出创新是经济增长最重要的驱动力以来，创新理论逐渐被世界各国政府和学者重视。1985 年 Lundwell 提出了国家生产系统创新能力的概念。1987 年 Freeman 研究日本经济迅速崛起而提出了国家创新系统的概念："一个主权国家内的公共部门和私人部门中各种机构组成的网络，这些机构的活动和相互作用促进了新技术和组织模式的开放、引进、改进和扩散。"[①] 2002 年，Malerba 提出了产业创新系统的概念，将产业创新系统定义为一系列针对特定用户的新开发的及已有的产品的集合，以及那些为创造、生产和销售这些产品并且相互之间有着市场和非市场相互作用的机构的集合；[②] 后又将产业创新系统的要素分为六个要素：企业、其他参与者（大学、研究机构、金融机构等）、网络（交易和非交易的联系）、需求、制度、知识基础和技术特征。这些要素性质的不同和作用方式的不同导致产业呈现不同的演化路径。

（3）国际经验表明，人均 GDP 超过 1000 美元之后，传统生产要素对经济增长的贡献将出现递减趋势，科学研究、技术服务业的重要性将明显上升。中国目前的科研和技术服务现状是：科技向现实生产力转化能力薄弱，高新技术产业化程度低，产学研结合不紧密，大量先进技术和科研成果无法及时引入制造业，导致中国的制造业和经济竞争力难以提升，始终处于价值链的低端环节。中国人均能源、水资源、土地资源的供应严重不足，生态环境脆弱，对经济可持续发展形成日益严峻的瓶颈效应。发展生产性服务业，全面提高企业自主创新能力，是实现我国经济全面、持续、快速、协调、健康发

① Freeman C. "Technology Policy and Economic Performance: Lessons From Japan", *London*: *Pinter*, 1987.

② Franco Malerba. "Sectoral Systems of Innovation and Production", *Research Policy*, 2002 (31).

展的关键。加快建设企业自主创新体系是走新型工业化发展道路的内在要求。

外向型经济以国际市场需求为导向，根据比较优势原则参与国际分工和国际竞争；开放型经济则以降低贸易壁垒和提高资本自由流动度为主。开放型经济既吸引外资，也对外投资；不仅发挥比较优势，更发展竞争优势，提高核心竞争力。当前，我国的经济发展要由单纯追求数量转向注重数量、质量、结构和效益的全面、协调、平稳、可持续的发展。要实现这个转变就必须面对一个重大而现实的理论问题：如何发挥优势？传统的比较优势理论强调自然资源和劳动力资源的禀赋优势，但是单纯的比较优势不一定能够转化为竞争优势。如何将比较优势发展成为竞争优势，这是一个重大的现实问题。中国经济持续快速发展，已经具备大力发展企业自主创新能力的基础和条件，可以更多地依靠企业自主创新来提高竞争力、推动经济发展。建议从以下五个方面予以推动：

（1）加快建立以企业为主体、产学研相结合的技术创新体系。自主创新战略的实施在很大程度上取决于能否成功建立以企业为主体、产学研相结合的技术创新体系。产学研相结合，就是要整合资源，充分发挥科研机构和高等院校等在以企业为主体的技术创新体系中的作用。近百年世界产业发展的历史表明，技术创新是一个从研究开发到产业化和商业化的过程，企业最贴近市场，在规模化和产业化方面具有优势，应成为技术创新的主体。

（2）建设有利于企业自主创新的金融服务体系，为中小企业的创新活动提供了资金支持。技术创新是资金投入大、风险高、周期长的企业活动，中小企业的创新活动从基础研究、实验开发，再到成果转化，需要投入大量的资金，亟须资本市场的支持。完善、高效的资本市场制度是促进中小企业创业投资发展最有效的手段和工具。建立多元化科技投融资体制，是提高中小企业自主创新能力的基础和保障；依靠资本市场，有利于突破企业自主创新面临的融资瓶颈约束，建立起有效的风险分担与规范运作机制，加快科技成果商品化、产业化进程，推动科技型企业实现跨越式发展。

（3）完善科研与技术服务体系，加大政府对企业自主创新的政策扶持力度。市场在自主创新过程中发挥着重要的导向作用，而政府的政策扶持有助于调动企业进行创新的主动性。在财政、税收、金融、市场准入与环境服务方面，政府可以为企业提供更为有效的政策支持，为企业自主创新系统的推进创造条件；从政策上鼓励自主创新型企业，加大科技服务、金融服务、信息服务、物流服务、商务服务等生产性服务业的政策支持力度。同时，构造推动自主创新的知识产权保护制度体系，保障和促进企业自主创新。

（4）加强企业科技人才队伍建设，加快人才自由流动，实现人力资源的优化配置。人才是创新之本，没有一个大规模的高素质的人才队伍，根本不可能实现国家的整体创新。第一，建立健全科学、合理的人才资源管理和开发体制。形成能够鼓励提高创新能力和创新效率的机制，完善客观、公正的评价体系和激励机制，为科技人才的成长成才营造更好的环境。第二，给予企业科技人才特殊待遇，不断完善人才引进、培养、使用的有效机制，制定和实施对各类人才具有强大吸引力的政策，用良好的机制、政策、环境吸引人才，集聚人才，为企业科技创新和经济发展奠定坚实的人才基础。第三，在企业内实施激励政策，稳定和吸引科技人才，积极引导人才向企业流动。积极鼓励大学、科研院所以及政府部门的专家学者到企业任职。第四，制定和修改相应的法律法规，鼓励人才自由流动。应取消政府机关、事业单位和企业相互间的各类准入门槛，鼓励高级人才的双向自由流动，取消人为设置的流动障碍。要以高级人才的自由流动为动力，使人力资源得到最优的市场配置。

（5）加快引进外资研发中心，促进中国企业自主创新。在对外开放的条件下，建设创新型国家、推进科技创新，本土企业自主创新和外商投资是相互促进和相互竞争的关系。要以市场为导向，突出企业的主体地位。企业技术创新来源主要有三个：一是跨国公司在中国的高技术产业投资和设立研发中心；二是跨国公司的技术溢出效应；三是本土企业的自主创新。跨国公司投资企业也是国家创新体系中的组成部分，引进外资对中国自主创新具有促进作用。由于跨国公司拥有技术优势和资本、品牌方面的优势，会对本土企业形成竞争压力，使一些不具备相应竞争力的企业被淘汰。这样的压力和挑战，有利于中国企业加速自主创新来提高自身竞争力。

第五节　本章结论

通过以上中国 1978~2008 年的时间序列数据的实证检验分析，可以得出初步判断：生产性服务业发展是导致制造业升级的格兰杰原因，同时，制造业升级也是导致生产性服务业发展的格兰杰原因。因此，假设 A 和假设 B 均是成立的，即生产性服务业与制造业升级之间存在双向因果关系，生产性服务业发展导致制造业升级，同时制造业升级导致生产性服务业发展。

生产性服务业结构变动与制造业升级之间具有互为因果、相互促进的影响关系。科技服务、信息服务、金融服务、物流服务、商务服务等生产性服务业是技术创新的重要基础与核心。建设企业自主创新体系是发展生产性服务业和制造业升级的关键纽带。《“十一五”规划纲要》提出，按照走新型工业化道路要求，坚持以市场为导向、企业为主体，把增强自主创新能力作为中心环节，继续发挥劳动密集型产业的竞争优势，优化产品结构、企业组织结构和产业布局，提升整体技术水平和综合竞争力，促进工业由大变强。中国已经进入可以更多地依靠自主创新推动经济发展的新阶段，自主创新已成为提高国家竞争优势的重要战略，已成为制造业升级的重要动力。加快

建设中国工业企业自主创新体系，既是保持经济平稳发展的重要支撑，又是建设资源节约型、环境友好型社会的重要支撑，更是提高中国经济竞争优势和抗风险能力的重要支撑。当前，中国制造业升级与发展生产性服务业相互结合的关键纽带在于加快建立企业自主创新体系。

第九章　结论与展望

本书通过实证研究的方法，研究生产性服务业发展与中国产业结构优化升级的相互关系，以及生产性服务业与中国产业结构演变的关系，系统地形成生产性服务业与产业结构影响机制的定性研究和量化分析。对于把握生产性服务业与中国产业结构相互关系的客观规律，促进中国产业结构优化升级、加快经济发展方式的顺利转变，具有一定的决策参考意义。

第一节　主要工作

基于产业经济学、服务经济学、统计学和管理学等多种学科的理论和研究成果，本书综合应用多种研究方法，宏观方法和微观方法相结合、规范研究和实证研究相结合、定性分析和定量分析相结合。本书从生产性服务业的内涵、分类、现状分析等方面入手，应用计量经济学和统计学分析软件，围绕生产性服务业与产业结构的长期动态的相互影响关系，对生产性服务业、产业结构的若干指标进行数据分析，在实证研究的基础上，使用多种统计分析方法，推断出生产性服务业和产业结构优化、生产性服务业与三次产业结构变动等方面的相互关系。在定性研究的基础上选择多重研究视角，就生产性服务业对中国产业结构的影响机制展开了系统的定量分析，通过文献回顾与提出假设，综合分析产业结构和服务经济学的有关研究成果并进行了指标选取，查找统计年鉴、中经网数据库和文献成果的数据进行计算得出实证数据，应用计量经济学的 Eviews 分析软件和统计学的 SPSS 分析软件，通过检验分析，推导出四个有新意的论点，并提出了其现实意义。

第二节　创新点

本书首次尝试从六个新的视角对生产性服务业与中国产业结构的关系进行了研究分析，根据产业结构和服务经济学的有关原理和成果提出假设、选取指标、采集数据、实证检验、分析结果，初步得出了四个具有创新性的研究结论。

（1）对生产性服务业进行了定性和定量相结合的定义，运用定量研究，以及多元线性回归分析的方法，从投资结构、消费结构和中间需求率的综合视角来实证分析房地产业、科学研究及综合技术服务业的生产性服务特征，是本书的一个新尝试。根据对中国服务业中间需求率的定量研究，分析了科学研究和综合技术服务业的中间需求率，结合生产性服务业的综合定义标准，判断科学研究和综合技术服务业应该纳入生产性服务业；从中国房地产业的投资结构、消费结构以及服务业中间需求率的多种视角对中国房地产业的生产性服务特征进行了实证分析，判断现阶段的中国房地产业适宜归类于消费性服务业。通过对近年来中国服务业内部行业增加值结构的数据分析，发现中国服务业内部结构初步显现出生产性服务业上升、消费性服务业微下调、公共服务业下降的发展态势。中国生产性服务业内部结构发展趋势近年来出现了分化，即出现了金融业、科学研究、技术服务业与地质勘查业的比重上升，但是租赁和商务服务业、信息传输、计算机服务和软件业、交通运输、仓储和邮政业的比重下降的发展态势。

（2）构建了生产性服务业对于产业结构高度化、合理化的影响机制模型。①对生产性服务业和产业结构合理化可以相互促进的假设进行了验证，根据格兰杰因果检验的方法，实证检验结果证明，改革开放以来，中国产业结构合理化与生产性服务业发展是双向因果关系，即产业结构合理化导致了生产性服务业发展，生产性服务业发展也导致产业结构合理化。产业结构合理化在其短期变动上对生产性服务业有显著的因果关系，生产性服务业对于产业结构合理化的影响体现在中长期。中国产业结构合理化对于促进生产性服务业发展短期具有显著的即时影响，生产性服务业的发展对于产业结构合理化的影响在中长期是显著的。如果我国经济面临发展生产性服务业和产业结构优化的政策选择时，从短中期来看应该首先选择产业结构优化，从中长期来看应该选择发展生产性服务业。②对生产性服务业和产业结构高度化可以相互促进的假设进行了检验，应用了主成分分析法和格兰杰因果关系检验，发现产业结构高度化与生产性服务业之间是单向格兰杰因果关系，产业结构高度化是生产性服务业发展的原因，而生产性服务业不是产业结构高度化的原因。数据分析说明，当前中国的产业结构高度化制约着生产性服务业的发展水平，单纯依靠生产性服务业的发展无法全面提升中国产业结构高度化，要以产业结构高度化带动生产性服务业的发展。因此，我国当前的经济政策要统筹兼顾，全面协调可持续发展，加快经济发展方式转变，加快产业结构升级。③对产业结构合理化和产业结构高度化可以相互促进的假设进行了检验分析，发现产业结构高度化是导致产业结构合理化的原因，但产业结构合理化并不是产业结构高度化的原因，由此构建了生产性服务业与产业结构合理化、产业结构高度化三者之间的影响关系模型。因此，在产业结构严重不合理的状态下，结构性矛盾突出，影响经济效益时，产业结构优化升级的重点在于产业结构合理化；而当产业结构发展比较协调，供求关系相对缓和，但国民经济长期在低技术水平上徘徊，产品更新换代缓慢，产品的产出结构难以适应供求结构的变动时，产业结构优化升级的政策重点应该着眼于产业结构高度化。

（3）对生产性服务业和中国第一、二、三次产业结构变动可以相互促进的假设进行了检验分析，发现生产性服务业与第一产业结构变动存在着单向因果关系，生产性服务业是第一产业结构变动的原因，而第一产业结构变动不是生产性服务业发展的原因；第二产业结构变动与生产性服务业是双向因果关系；第三产业结构变动与生产性服务业不存在因果关系；第一产业结构和第二产业结构是相互促进的双向因果关系；第二产业结构和第三产业结构是相互促进的双向因果关系；第一产业结构变动和第三产业结构变动是单向因果关系，第三产业结构变动是第一产业结构变动的原因，而第一产业结构变动不是第三产业结构变动的原因；构建了生产性服务业对中国产业结构变动的影响机制模型。当前，中国产业结构调整要加快发展服务业，提高服务业在三次产业结构中的比重，尽快使服务业成为国民经济的主导产业。

（4）对生产性服务业结构变动和中国制造业升级可以相互促进的假设进行了实证检验分析，检验证明了生产性服务业结构变动与制造业升级是相互促进的双向格兰杰因果关系，生产性服务业发展是制造业升级的格兰杰原因，同时制造业升级也是生产性服务业发展的格兰杰原因。生产性服务业结构变动与制造业升级之间具有互为因果、相互促进的影响关系，科技服务、信息服务、金融服务、物流服务、商务服务等生产性服务业是技术创新的重要基础与载体，现阶段中国制造业升级要与发展生产性服务业相结合，加快建立企业自主创新体系是关键纽带。

第三节　不足与展望

本书尝试用定量分析与定性研究相结合的方法对生产性服务业与中国产业结构变动之间的影响机制进行研究，由于笔者水平有限，以及分析方法和指标的选取、数据的采集处理等方面的局限性，所得出的结论或许并非准确反映了现实中的运行规律，有待在今后的研究中依据多种理论和方法进一步检验分析。第一，由于数据采集的原因，本书未能进一步在各省市相关数据的基础上，展开更深入的分析来验证所得结论，今后将对这方面的数据进行收集，继续进行更深入的实证检验，所发现的规律和结论将更具说服力。第二，如果能站在全球视野，对世界各国的生产性服务业与产业结构的时间序列数据进行实证检验，那么结论将更具广泛性。第三，本书仅仅聚焦在生产性服务业对产业结构影响机制的分析研究上，限于篇幅，未能就影响机制的量化模型展开研究，比如，根据已有数据进行多元线性回归分析，就可推导出影响机制的回归模型，建立生产性服务业与中国产业结构之间的函数关系，无疑将有助于提高结论的说明效能。第四，由于首次尝试在产业结构的研究领域中采用格兰杰因果关系检验的分析方法，在指标的选取上采用了一些新的方法，比如主因子分析法，或许选取的指标不足以代表格兰杰因果关系分析的意义，有待在以后的研究中进一步比较选取。第五，在数据的选取和采集方面，主要依据《中国统计年鉴》、《中国第三产业统计年鉴》、《国际统计年鉴》、《中国房地产业统计年鉴》、中经网数据库等中国官方数据来源，少量使用了部分中国学者的研究成果，对于国际上的数据库利用不足，在今后的研究中将多方面使用世界银行、美国国家经济研究局等国际上的数据库，进行多方面的比较分析，所得出的结论或许更具信度。第六，本书定量分析部分的篇幅占了较大比重，定性研究的比重略显不足，今后将进一步深入阐述其中的理论解释，形成较为系统的理论体系。

本书主要从时间维度应用了动态分析方法，利用时间序列数据来分析研究生产性服务业对中国产业结构发展的作用机制。未来的研究中，将运用截面数据分析的方法，从空间维度上来研究生产性服务业对产业结构的影响机制。截面数据分析方法是从某个时间点上研究生产性服务业与产业结构的发展状况，比如依据某年中国各省市的生产性服务业和产业结构的相关数据，从空间的维度上来分析其中的运行规律，进行因果关系分析，或进行结构方程模型的计算分析，或许会得出更多、更新的结论。尽管生产性服务业与产业结构是不断发展变化的，但从某个时点去研究分析其空间维度上的变化规律，所得出的结果对于揭示其影响机制仍将具有较大的参考价值。

本书主要采用了格兰杰因果关系检验原理，运用 Eviews 软件进行计算分析；今后，可以采用结构方程模型（SEM）来进一步验证计算，结论无疑将更具效力。在社会科学研究领域，有时需处理多个原因、多个结果的关系，或者会碰到不可直接观测的变量，即潜变量，这些是传统的统计方法不能很好解决的问题，而结构方程模型弥补了传统统计方法的不足，成为多元数据分析的重要工具。结构方程模型是一种建立、估计和检验因果关系模型的方法，模型中既包含有可观测的显在变量，也可能包含无法直接观测的潜在变量。结构方程模型可以替代多重回归、通径分析、因子分析、协方差分析等方法，清晰分析单项指标对总体的作用和单项指标间的相互关系。与传统的回归分析不同，结构方程分析能同时处理多个因变量，并可比较及评价不同的理论模型。与传统的探索性因子分析不同，在结构方程模型中，可以提出一个特定的因子结构，并检验它是否与数据吻合。通过结构方程多组分析，可以了解不同组别内各变量的关系是否保持不变，各因子

的均值是否有显著差异。结构方程模型是社会科学研究中一个非常好的方法。因此，在下一步的研究中，将应用结构方程模型来对生产性服务业与产业结构相互影响机制，从另外一个视角展开深入的验证分析，寻找出其中更深层次的规律。

参考文献

白津夫、沈家文：《新苏南开放型经济模式研究》，《经济与管理研究》，2009 年第 6 期。

白津夫：《经济结构存在的主要问题与调整方向》，《领导之友》，2010 年第 1 期。

贝尔：《后工业化社会的来临——对社会预测的一项探索》，商务印书馆 1984 年版。

彼得·德鲁克：《创新与企业家精神》，机械工业出版社 2007 年版。

毕斗斗：《美国生产性服务业演变趋势的实证研究》，《经济问题探索》，2009 年第 7 期。

毕斗斗：《生产服务业发展研究》，经济科学出版社 2009 年版。

布鲁斯·赫里克曾、伯格：《经济发展》，上海译文出版社 1986 年版。

陈桦、张耀辉：《中国产业结构趋势分析的向量自回归模型》，《科研管理》，2008 年第 11 期。

陈健、史修松：《产业关联、行业异质性与生产性服务业发展》，《产业经济研究》，2008 年第 6 期。

陈凯：《英国生产服务业发展现状分析》，《世界经济研究》，2006 年第 1 期。

程大中：《生产者服务论》，文汇出版社 2006 年版。

程大中：《中国生产性服务业的水平、结构及影响》，《经济研究》，2008 年第 1 期。

储玉坤、孙宪钧：《美国经济》，人民出版社 1990 年版。

邓丽姝：《对生产性服务业与制造业升级的理论探讨》，《经济论坛》，2010 年第 2 期。

邓丽姝:《生产性服务业发展与北京产业结构升级的关系机理》,《特区经济》，2008 年第 12 期。

方甲：《产业结构问题研究》，中国人民大学出版社 1997 年版。

冯泰文:《生产性服务业的发展对制造业效率的影响》,《数量经济技术经济研究》，2009 年第 3 期。

弗拉维·马丁内利：《生产者服务业的发展趋势》，谢鲁涛译，《国际经济评论》，1993 年第 1 期。

干春晖、郑若谷：《改革开放以来产业结构演进与生产率增长研究》，《中国工业经济》，2009 年第 2 期。

高传胜:《中国生产者服务对制造业升级的支撑作用》,《山西财经大学学报》，2008 年第 1 期。

高楠、陈伟达：《基于 BP 神经网络生产者服务业增加值比重发展趋势研究》，www.paper.edu.cn，2008 年 5 月 5 日。

格鲁伯、沃克：《服务业的增长：原因与影响》，陈彪如译，三联书店 1993 年版。

顾乃华:《生产性服务业发展趋势及其内在机制》,《财经论丛》，2008 年第 3 期。

郭克莎:《产业结构偏差对我国经济增长的制约及调整思路分析》,《经济研究参考》，1999 年第 99 期。

国家统计局:《三次产业划分规定》，国统字［2003］14 号，2003 年版。

韩德超、张建华：《中国生产性服务业发展的影响因素研究》，《管理科学》，2008 年第 12 期。

何枫、陈林、何林：《我国资本存量估算及其相关分析》，《经济学家》2003 年版第 5 期。

贺红波：《非平稳序列的 Granger 因果检验》，《长春师范学院学报》，2004 年第 9 期。

胡锦涛：《在中国共产党第十七次全国代表大会上的报告》，新华社，2007 年 10 月 15 日。

怀行：《美国生产服务业迅速兴起》，《中国劳动》，1991 年第 6 期。

黄海标、李军：《产业结构优化升级评价指标体系构建》，《商业时代》，2008 年第 3 期。

纪春礼、李健：《中国生产性服务业与制造业间关系研究》，《未来与发展》，2010 年第 1 期。

纪玉山、吴勇民：《我国产业结构与经济增长关系之协整模型的建立与实现》，《当代经济与研究》，2006 年第 6 期。

架贵勤：《区域经济学》，清华大学出版社 2008 年版。

江静、刘志彪、于明超：《生产者服务业发展与制造业效率提升》，《世界经济》，2007 年第 8 期。

江小娟、李辉：《服务业与中国经济：相关性和加快增长的潜力》，《经济研究》，2004 年第 1 期。

姜建明、佟家栋：《世界经济概论》，天津人民出版社 2007 年版。

蒋昭侠：《产业结构问题研究》，中国经济出版社 2005 年版。

孔令丞：《论中国产业结构优化升级》，企业管理出版社 2006 年版。

库兹涅茨：《各国的经济增长》，商务印书馆 1985 年版。

李昌宇：《资源倾斜配置研究——中国产业结构转变过程》，陕西人民出版社 1994 年版。

李冠霖：《第三产业投入产出分析》，中国物价出版社 2002 年版。

李华、马树才、袁国敏：《产业结构优化与国有经济战略性调整》，中国经济出版社 2005 年版。

李江帆、朱胜勇：《“金砖四国”生产性服务业的水平、结构与影响》，上海经济研究，2008 年第 9 期。

李金勇：《上海市生产性服务业发展研究》，复旦大学博士学位论文，2005 年。

李启明：《生产性服务业与农业的互动发展》，《科技进步与对策》，2009

年第 7 期。
林兰、曾刚：《纽约产业结构高级化及其对上海的启示》，《世界地理研究》，2003 年第 9 期。
刘成林：《现代服务业发展的理论与系统研究》，天津大学出版社，2007年。
刘淇：《大力发展生产性服务业》，《前线》，2007 年第 9 期。
刘庆林、廉凯：《服务业外包对印度产业结构影响的分析》，《亚太经济》，2006 年第 6 期。
刘伟、张辉：《中国经济增长中的产业结构变迁和技术进步》，《经济研究》，2008 年第 11 期。
刘伟：《工业化过程中的产业结构分析》，人民大学出版社 1995 年版。
刘永华：《中国促进生产性服务业发展因素的实证研究》，《求索》，2009 年第 5 期。
刘重：《生产性服务业对产业结构的影响及发展趋势分析》，《发展研究》，2006 年第 6 期。
路红艳：《大力发展生产性服务业促进我国产业结构优化升级》，《经济前沿》，2008 年第 2 期。
罗斯托：《经济增长的阶段》，中国社会科学出版社 2001 年版。
吕政、刘勇、王钦：《中国生产性服务业发展的战略选择》，《中国工业经济》，2006 年第 8 期。
马洪、孙尚清主编：《中国经济结构概论》，山西经济出版社 1994 年版。
《马克思恩格斯全集》，人民出版社 1972 年版。
马克思：《资本论》，郭大力、王亚南译，人民出版社 1953 年版。
马庆国：《管理统计》，科学出版社 2005 年版。
迈克尔·波特：《竞争战略》，中国经济出版社 1988 年版。
毛林根：《产业经济学》，上海人民出版社 1996 年版。
逄锦聚：《政治经济学》，高等教育出版社 2002 年版。
裴长洪、彭磊：《中国服务业与服务贸易》，社会科学文献出版社

2008 年版。

钱纳里:《工业化和经济增长的比较研究》,三联书店 1989 年版。

《中华人民共和国国民经济和社会发展第十一个五年规划纲要》,《人民日报》,2006 年 3 月 17 日。

尚于力、申玉铭、邱灵:《我国生产性服务业的界定及其行业分类初探》,《首都师范大学学报》,2008 年第 6 期。

史忠良:《产业经济学》,经济管理出版社 2005 年版。

苏东水:《产业经济学》,高等教育出版社 2006 年版。

汪斌、金星:《生产性服务业提升制造业竞争力的作用分析》,《技术经济》,2007 年第 1 期。

汪斌:《国际区域产业结构分析导论》,上海人民出版社 2001 年版。

王岳平:《产业结构对交通运输业发展影响的定量分析》,《管理世界》,2004 年第 6 期。

威廉·配第:《政治算术》,陈冬野译,商务印书馆 1978 年版。

温家宝:《在十一届全国人大三次会议上的政府工作报告》,《人民日报》,2010 年 3 月 6 日。

伍华佳、张莹颖:《中国服务贸易对产业结构升级中介效应的实证检验》,《上海经济研究》,2009 年第 3 期。

夏杰长:《大力发展生产性服务业是推动我国服务业结构升级的重要途径》,《经济研究参考》,2008 年第 45 期。

夏沁芳:《生产性服务业与大都市产业结构调整关系的实证研究》,《统计研究》,2008 年第 12 期。

夏晴、何万里:《服务业外资对区域经济发展及产业结构的影响》,《国际贸易问题》,2008 年第 5 期。

项俊波:《结构经济学》,中国人民大学出版社 2009 年版。

亚当·斯密:《国富论》,唐日松等译,华夏出版社 2005 年版。

杨德勇、张宏艳:《产业结构研究导论》,知识产权出版社 2008 年版。

杨公仆、夏大慰:《产业经济学教程》,上海财大出版社 1998 年版。

杨玲:《美国生产者服务业的动迁与启示》,《经济与管理研究》, 2009 年第 9 期。

杨治:《笠原三代的产业结构理论》,《现代日本经济》, 1982 年第 4 期。

叶静怡:《发展经济学》, 北京大学出版社 2007 年版。

虞卓然:《影响生产性服务业发展的因子分析》,《现代商业》, 2009 年第 36 期。

原毅军、董琨:《产业结构的变动与优化: 理论解释与定量分析》, 大连理工大学出版社 2008 年版。

原毅军、刘浩、白楠:《中国生产性服务业全要素生产率测度》,《中国软科学》, 2009 年第 1 期。

张平、王树华:《产业结构理论与政策》, 武汉大学出版社 2009 年版。

张晓峒:《Eviews 使用指南与案例》, 机械工业出版社 2008 年版。

张亚斌、刘靓君:《生产性服务业对我国经济增长的影响研究》,《世界经济与政治论坛》, 2008 年第 4 期。

张蕴岭:《经济发展与产业结构》, 社会科学出版社 1991 年版。

郑新立:《经济结构调整的四大任务》,《中国金融》, 2005 年第 2 期。

中华人民共和国国务院:《国务院关于加快发展服务业的若干意见》, 国发〔2007〕7 号, 2007 年 3 月 19 日。

钟韵、闫小培:《我国生产性服务业与经济发展关系研究》,《人文地理》, 2003 年第 10 期。

钟韵、闫小培:《西方地理学界关于生产性服务业作用研究评述》,《人文地理》, 2005 年第 3 期。

周雅、王江:《北京市生产性服务业的发展与产业结构的优化》,《经济师》, 2008 年第 10 期。

A. Fisher. "Convergence in the Age of Mass Migration", *Economic Development*, 1960 (1): 23- 24.

Browning C., Singelman J. "The Emergence of a Service Society", *Springfield*, 1975.

Browning C., Singelman J. " The Emergence of a Service Society", *Springfield*, 1975.

Franco Malerba. " Sectoral Systems of Innovation and Production", *Research Policy*, 2002 (31).

Freeman C. *Technology Policy and Economic Performance: Lessons from Japan*. London: Pinter, 1987.

Goodman, Steadman. " Services: Business Demand Rivals Consumer Demand in Driving Growth", *Monthly Labor Review*, 2002, 125 (4).

Granger CWJ. "Investigating Causal Relations by Econometric Models and Gross Spectral Methods", *Econometric*, 1981 (9).

Greenfield, H. *Manpower and the Growth of Producer Service*, New York: Columbia University Press, 1996.

Hansen, N. " Do Producer Services Include Regional Economic Develop-ment", *Journal of Regional Science*, 1990 (4).

Howells, D., Green, R. Location. "Technology and Industrial Organization in UK Services", *Progress in Planning*, 1986 (2).

L.L.Pasinetti. *Structural Change and Economic Growth*, Cambridge University Press, 1981.

Simon Kuznets. " Economic Development, the family and Income Distribution", *Cambridge Press*, 1989.

T.P.Hill. "On Goods and Services", *Review of income and Wealth*, Series 23, No.4, 1977.

W. W. Rostow. *The stage of Economic Growth*, Cambrige University Press, 1960.

索 引

C

D

F

G

H

J

M

N

S

T

W

X

Y

Z

后 记

关于生产性服务业的研究已经取得一些成果，但系统分析研究生产性服务业与产业结构相互关系问题的文献尚少，本书对生产性服务业与中国产业结构演变关系进行了系统的研究。在写作过程中，我参阅了国内外关于生产性服务业大量的著作文献，特别是格兰杰发现的非稳定时间数列的特别组合可以呈现出稳定性，据此提出数据共同趋势进行经济时间数列分析的方法而获得 2003 年“诺贝尔经济学奖”，是本书的写作基础和创新源泉，由此产生了将计量经济学、统计学、管理学和宏观经济学相结合的跨学科研究想法。

本书是我进入北京大学光华管理学院博士后工作站，在博士阶段研究成果的基础上整理修改而成的。在写作、修改及评审过程中，我得到了北京大学光华管理学院、北京科技大学经济管理学院、中共中央政策研究室、中共中央党校、中国社会科学院、国家科技部、国家发展与改革委员会等单位多位专家的指导帮助，在此衷心感谢。

论文的写作是一个艰辛的过程，离不开导师的指导和帮助。老师的悉心指导与启发，高尚的道德品格和深厚的学术功底，“博采众长”与“以我为主”，“融合提炼”与“自成一家”，是引导我研究探索的明灯。

我数年前还是崇尚实践的资深工程师，在北大著书立说曾是不敢之想。北京大学的学术自由、鼓励创新的精神，兼容并包、名师荟萃的氛围，所谓“圣人居无为之事，行不言之教”，大致如此。老师给予的鼓励和鞭策，让我有了进取开拓的力量和理论创新的勇气。

在本书即将出版之际，向老师表示深深的谢意！向所有帮助和关心过我的师长、朋友表示感谢！

学无止境，每次翻阅这本书稿，我都感觉有进一步改进的必要。书中难免有疏漏或不妥之处，敬请师友和读者指点。

沈家文

2012年9月

于北京大学燕东园